Beiträge zur Heimatkunde

Sagen aus Gernrode

Der 1000jährigen Stadt am Harz

Aufgeschrieben von Carsten Kiehne

Band 7

Sagenhafter Harz

Bibliografische Information der Deutschen Nationalbibliothek: Die Deutsche Nationalbibliothek verzeichnet diese Publikation in der Deutschen Nationalbibliografie; detaillierte bibliografische Daten sind über dnb.d-nb.de abrufbar.

Impressum

Texte:	© Copyright by Carsten Kiehne
Illustrationen:	© Copyright by Hildegard Kiehne
Fotos:	© Copyright by Carsten Kiehne & Stefan Herfurth (S. 13, 25, 57)
Cover & Logo:	© Copyright by Jelka Lüdtke (jellygrafix)

Veröffentlichung:	Februar 2018
ISBN	978-3-746036762

Herstellung & Verlag: BoD – Books on Demand, Norderstedt

Verlag:	Selbstverlag REIKI-IM-HARZ & SAGENHAFTER HARZ
	Grünstr. 20, 06485 Bad Suderode
	www.sagenhafter-harz.com & www.reiki-im-harz.de
	carsten.kiehne@gmx.net

Inhaltsverzeichnis

„Gernrode im Harz" - Stahlstich von Sagert, 1841

„Gernrode war ein kleiner stiller Ort, ich sah beinahe gar keine Menschen auf der Straße, aber in einem kleinen Haus stand ein Fenster offen und ich hörte eine weibliche Stimme ein hübsches Lied von der Liebe singen. Ich horchte und da die Unsichtbare nicht erschien, nahm ich den Eichenkranz von meiner Mütze und legte ihn zum Dank für den Gesang schweigend auf die Türschwelle nieder …!"

(aufgeschrieben von Hans Christian Andersen, 1831)

Einleitende Worte

Seit vielen Jahren bin ich verzaubert von den engen Straßen dieser einst so großen Stadt, von der altehrwürdigen Stiftskirche St. Cyriakus, vom Stubenberg, der alle Häuser überragt, sowie den Bergen und Waldungen („Alte Burg", „Osterberg", „Zum einzelnen Bäumchen" sowie den „Bückeberg", aus dessen Kiefernwäldchen ich schon als Kind träumend über die Flure schaute und den Grillen beim Zirpen lauschte). Und schon immer hatte ich ein Faible für Geschichte und Geschichten.

Das ich aber irgendwann einmal ein Sagenbüchlein über diesen Ort schreiben würde und, dass dieses Büchlein mich sehr viele graue Haare kosten würde, das ahnte ich nicht und noch heute hört es sich für mich nach einem bösen Albtraum an. Ach, ich träumte davon, dass es noch heute dreiste Räuber gibt! Ja, wirklich! Doch lebte einer dieser Schufte nicht im tiefen Wald, in einer dunklen Höhle. Er sah auch auf den ersten Blick nicht böse aus. Er raubte weder Gold noch Geschmeide … er stahl ein Buch. Das lag nicht etwa daran, dass er besonders gebildet war, … nein eher nicht! Oh, ich erzählte ihm viele Geschichten und er sagte, er würde sie herrlich zu bebildern verstehen … und gemeinsam würden wir durch die Lande ziehen, die Menschen mit unserer Kunst zu erfreuen. Doch am Morgen war er fort und nahm meine Geschichten mit und sagte allen Menschen, er hätte unser Buch geschrieben … er ganz allein! Welch ein böser Traum! Zum Glück, erwache ich langsam und will Dir nun die zauberhaften Geschichten unserer Heimat erzählen …

Ein kleiner stiller Ort … mit großer Geschichte, das ist Gernrode.
Eine wunderschöne Stadt mit tausend Geschichten, das ist Gernrode.
Von Dichtern besungen, von Märchenerzählern bereist, das ist Gernrode.
Leiderfahren und sich doch dem kleinen Glück zuwendend …
… täglich frisch, „ein hübsches Lied von der Liebe" singend …
… den altehrwürdigen Glanz hochhaltend, das ist Gernrode!

Markgraf Gero

1. Einmal im Jahr steigt Markgraf Gero aus seiner Grablege, die in der Klosterkirche zu Gernrode steht und wandert gemächlich hinüber zu seiner Burg Gersdorf. In dieser Stammburg wohnten bereits seine Vorfahren. Wenn er das tut, sagt man – ich kann es nur so weitergeben, denn mit eigenen Augen sah ich es nie – bleibt er oft verwundert stehen. Soweit er zu blicken vermag, gen Quedlinburg, Blankenburg, Ballenstedt und Halberstadt, nirgends ist ein Feind auszumachen, überall sieht er ein blühendes, wohlhabendes Land. Zu seiner Zeit durfte man sich keine Stunde aus dem Städtlein wagen, schon gar nicht nachts, denn überall lauerten die heimtückischen Slawen.

Ihm war es zu Lebzeiten das dringlichste Anliegen Frieden zu schaffen und den Heiden den christlichen Glauben nahe zu bringen. Doch zu oft ward seine Gutmütigkeit ausgenutzt, der zerbrechliche Frieden geschändet und die Dörfer seines Gaus flammten in brandroter Glut. Endlich vermochte er aber doch mit harter Hand die Aufstände zu brechen. Ein kampfloses Jahr ward vorübergegangen, was für ihn Anlass war, alle Slawenfürsten auf seine Burg Geronisroth zu einem Freundschaftsmahl zu laden. Erstaunt aber voller Herzensfreude, nahm er die vielen Raben zur Kenntnis, die (einer nach dem anderen) Zusagen der Slawenfürsten brachten. In Geronisroth war ein munteres Treiben, denn alles Volk war mit der Vorbereitung des großen Gastmahls betraut. Und endlich kamen die Fürsten mit zahlreichem Gefolge.

Unter den slawischen Knechten war ein Sachsenjunge namens Warko. Der war einst aus dem Kindbett geraubt und verschleppt worden und wusste nichts von seiner Herkunft. Wie dieser Jüngling aber an diesem Tage in die Burg einzog, erkannte die Mutter ihn sofort.

Erst schalt der junge Mann sie ein „törichtes Weib", als sie ihm aber von dem Muttermal erzählte und sie Recht behielt, da drückte er sie an sein Herz und begann leise zu jammern. Ein listiger Überfall sei geplant, in dem Gero gemordet werden soll. Seine Herren hätten Schwerter unter ihren Festgewändern versteckt.

Schnell lief die Frau zu den Wohnräumen des Markgrafen, doch hörte da von einer Wache, e sei bereits unterwegs in den Festsaal. „Lieber Gott, ich darf nicht zu spät sein!", dachte sie und rannte so schnell es ihre Beine zuließen die Treppen hinab, über den Hof zum großen Saale hin. Gero war bereits am Ende des langen Ganges zum Festsaal angekommen, seine Mannen schon willig, die zweiflügige Tür aufzuhalten, als sie schrie: „Bei deinen Söhnen Gero … nein!" - Der Markgraf hielt inne, die Wachen guckten verdutzt, reagierten rasch und warfen sich dem eilenden Weib entgegen. „Halt Närrin, was ist dein Verlangen?", schrien der eine, sie mit dem Speer von sich wegstoßend. „Herr Markgraf, ich muss …, sie dürfen nicht, … Hinterhalt!", wie wild sagte sie diese Worte, wurde da auf einmal totenblass im Gesicht und fiel bewusstlos zu Boden.

Keine zehn Minuten waren vergangen, als Gero den Festsaal betrat. Die Slawen erhoben sich, stellten ihre Weinbecher zu Tisch und blinzelten sich an. Manche Hand grub sich klammheimlich ins Gewand, den kalten, scharfen Stahl suchend. „Meine lieben Freunde", begann Gero seine Rede, „Zu einem Gastmahl habe ich geladen …!" Die Slawenfürsten waren bereit loszuschlagen, jetzt würde es geschehen, ihre Zeit wäre gekommen, des große Geros letzte Atemzüge, nichtsahnend stand er vor ihnen, keine fünf Meter entfernt … als plötzlich ein unglaublicher Krach losschlug. Überall zum Festsaal wurden die Türen aufgestoßen. Geharnischte Ritter sprengten herein. Markgraf Gero schrie: „Ihr kommt zu einem Festmahl, mich zu morden?" Die Slawen hatten verstanden, ihr Hinterhalt war gescheitert. Blutdurstig und vom Weine betört, stürzten sich die dreißig Fürsten auf Gero und seine Mannen. Doch was war das für ein ungleicher Kampf.

Die Sachsen in Rüstung mit Langschwertern versehen, von den Emporen schossen fünfzig Armbrüste und die Slawen hatten nur Dolche.

Keinen Meter waren sie von der Stelle gekommen, keine zehn Sekunden hatte das Ganze gedauert … da lagen die Fürsten röchelnd am Boden, schwimmend in ihrem eigenen Blut. – Die Waffenknechte der Fürsten ergaben sich sofort, als sie vom Tode ihrer Herren erfuhren und Warko, der geraubte Junge, der wurde Geros Schildknappe. Das Eigentum der Slawen, bekam der Sieger, doch nicht für sich allein, wollte Gero das viele Gold haben. Es sollte allen zu Gute kommen und ein frohes Herz bereiten. So stiftete er die St. Cyriakus.

Ob diese Variante *(aufgeschrieben nach Cramm)* des Gastmahls wahr ist, bleibt uns verborgen! Wie wir wissen ist die „Geschichte unserer Lehrbücher" immer jene Lüge, auf die sich Fachkreise einigten! Nachfolgend wird diese Sage etwas anders erzählt:

Das Gastmahl des Gero

2. Blutrot ging die Sonne an jenem Abend unter, als der Slawenfürst Tugimar mit seinem gerade erst heimgekehrten Sohne auf dem höchsten Turme der hölzernen Feste zu Stecklenberg stand, um ihm zu eröffnen, welch großes Ereignis dieser Nacht bevorstehen würde.

„Mein Sohn, ein ganzes Jahr ist es her, dass wir uns zuletzt in den Armen gehalten haben und so gibt es heute gleich doppelten Grund zu feiern! Wir ziehen noch des Nachts zu Geros Burg, aber stell' dir vor, nicht zum Kampfe, zum Gastmahl!" „Zum Gastmahl bei Gero guter, weiser Vater? Gero war uns doch niemals gut gesonnen! Erschlugst du nicht seinen Bruder in der Schlacht? Das Blut in den Adern gefriert mir, allein beim Gedanken daran ungeschützt auf seiner Feste zu sein.", so sein Sohn.

„Schutz wird nicht mehr vonnöten sein, wenn der Bund des Brüder-Friedens im Harzer Gau bald liegt! 29 Fürsten werden mit uns reiten, feiern und lachen. Mein Sohn mach dich bereit!" „Mein Vater, bedenke ...!" „Still Sohn, es ist beschlossen. Wir reiten!", sprach Tugimar mit eiserner Miene die keine Widerrede duldete.

Und kurze Zeit später, ritten einunddreißig Slawenfürsten durch den dichten Wald. Nur das Getrappel der Hufe war zu vernehmen und als der Tross kurz auf der Elfenwiese innehielt, um von den Wesen dieser Stätte den Segen zum Überqueren zu erbitten, da war es totenstill und dichter Nebel zog gespenstisch über den herbstnassen Boden. Keinem der Männer war wohl zu Mute, aber niemand von ihnen hätte in Worte fassen können, was ihre Seelen umschlich und bevor der Gedanke wieder heimzukehren in Tugimar Wurzeln schlagen konnte, rief er „Weiter!" in die Nacht und die Schar sprang von dannen.

Kurz vor Geros Burg, ritt Tugimar noch kurz neben seinem Sohne her, schaute ihm tief in die Augen und der Blick verriet, dass sie ähnlich fühlten. „Mein starker Sohn, egal was der Abend bringt, es kommt, wie es kommen soll!"

Das Burgtor Geronisroths stand weit geöffnet und die Wachen schritten bereitwillig aus dem Weg, als der Tross über die Zugbrücke trabte. Selbst Markgraf Gero, Kaiser Ottos bester Mann, kam in den Burghof um seine edlen Gäste zu begrüßen. Wie Brüder nahm er jeden Einzelnen in seine Arme. „Endlich, endlich ist der Tag gekommen, da in unserem Gau die viel zu lange Nacht dem Lichte weichen muss! Seid mir willkommen.", sprach Gero herzlich. Dann aber stockte seine Rede. Er besah sich die Slawenfürsten, nahm die Kurzschwerter & Dolche wahr und fragte schroff: „Ihr kommt unter Waffen zu einem Gastmahl? Wie soll ich das verstehen Tugimar?" - „Reine Vorsicht in den tiefen Wäldern Gero!", beschwichtigte er den Markgrafen und sprach zu seinen Getreuen „Meine lieben Slawenbrüder, lasst euer Rüstzeug bei den Rossen, sicher hat Gero eignes Besteck für unser Festmahl im Saale bereit!"

So war es dann auch und was war das für ein Fest. Nicht nur die Pferde in den Ställen wurden aufs Vortrefflichste mit frischem Klee, bestem Hafer und gutem Wasser versorgt. Nein, die Tafel der Ritter und Fürsten war auf das Edelste gedeckt. In silbernen Töpfen war Gebratenen und Gesottenes und in goldenen Krügen kostbarster Wein in solcher Menge angerichtet, dass mehrere Tage und Nächte lang gefeiert werden könne. Die Fürsten langten dann auch tüchtig zu und probierten schließlich, ob der Wein auch in kürzerer Zeit zu leeren wäre, als gerade gesagt. Bald erfüllte ein freudvoller und beherzter Gesang den Raum, der nur von spärlichem Fackelschein beleuchtet war. Alles lachte und tanzte gar mit manch prallem Weibe auf den Tischen. Aber wirklich alles?

Nein, Tugimars Sohn sprach dem Wein nur mäßig zu und blickte besorgt in die Runde. Geros Mannen schienen zu sehr an sich zu halten, während seine slawischen Mitstreiter schon mehr unter den Tischen zu liegen schienen als dass sie daran saßen.

„Vater, denkst du nicht, es ist Zeit heimzukehren?", fragte er Tugimar und deutete in die Runde, der sofort begriff. Zu zweit schritten sie auf Gero zu, verbeugten sich und Tugimar sprach: „Werter Freund, Zeit ist es heimzukehren und ...!" „Nein mein Lieber!", fiel im Gero ins Wort, „Zeit ist es ... meine Mannen, RICHTIG ZU FEIERN!" und seine Worte hallten durch den Saal. Sofort brach die Stimmung, der Gesang ebbte abrupt und wildes Kampfgeschrei hob an. Geros Mannen schlugen ihre Mäntel zur Seite und ließen ihre Kurzschwerter aufblitzen. Die Türen zum Saal sprangen auf und schwer bewaffnete Sachsenkrieger stürmten herein. - Ein kurzer bitterer Kampf entbrannte. Die Slawenfürsten wehrten sich nach besten Kräften, kämpften mit Kerzenleuchtern und Weinkrügen mit halber Sinneskraft gegen blanke Schwerter & Lanzen, gegen ein Geschwirr von Armbrustpfeilen.

Schon nach wenigen Minuten lag der Saal in Trümmern und schwamm im blutroten Wein. Fürst Tugimars letzer Blick galt seinem Sohn. Er sah noch, wie dieser beherzt aus dem Burgfenster sprang und floh, bevor sich seine Augen für immer schlossen. Jetzt erst begannen Geros Mannen wirklich ausgelassen zu feiern. Sie tranken und sangen durch die dunkelsten Stunden und ihr hohnvolles Lachen, erstickte die Stille der Nacht um Geronisroth.

Nach diesem „Gastmahl" aber, verbündeten sich die Völker der Slawen und Wenden und überzogen den Harzer Gau und die ganze Ostgrenze des Sachsenreiches mit einem wüsten Krieg. Der älteste Sohn Geros kam in einer dieser Schlachten ums Leben und auch sein jüngster, Sigfried, erlag den Verletzungen eines Kampfes.

Der liebe Gott selbst hatte Gero verlassen, da war sich dieser sicher. Zwar hatte er zu guter Letzt die Aufstände mit Hilfe des Kaisers Otto dem Großen niederschlagen können, doch was taugte sein Leben noch mit dieser Schuld. Um Buße zu tun, spendete er schließlich all seine Habe der Kirche, ließ 959 im Jahre unseres Herrn eine Stiftskirche bei seiner Burg errichten und stattete sie mit den Gaben des Papstes aus, den Reliquien des heiligen Cyriakus.

Die Gebeine des Cyriakus sollen Heilsuchenden helfen, Trost zu finden, Sorgen und Ärger fallen zu lassen. Seit jenem Tage sagt man, als Hathui, die Witwe Sigfrieds, von Gero als erste Äbtissin des Stifts eingesetzt wurde und ein frommes Leben im Namen Gottes führte, war diese Stätte stets ein wundersamer Ort des tiefen Friedens. Selbst die Kriege der letzten tausend Jahre gingen beinahe ohne Narben für Stadt, Frieden-Suchende und Einwohner ins Land. Die Stadt trägt bis heute den Namen des Markgrafen und heißt Gernrode.

„Diese alten Kirchen sind versteinerte Psalmen ... In einer Kirche, wie der Gernröder, kann die Predigt zur Not wegfallen, weil die Steine predigen. Das Herz wird himmelan gerissen."

(Wilhelm von Kügelgen, 1861)

Der wiederkehrende Bluttag

3. Alljährlich am Tage des Blutbades öffnet sich um Mitternacht das große, breite Grab in das die Leichname der Slawen-Fürsten einst geschmissen wurden, unterhalb des Sargberges. Ruhelose Schatten dringen dann aus der Tiefe der Erde nach oben.

Kinder die zu Samhain, heute heißt dieses Totenfest unserer Ahnen Halloween, geboren wurden, können die Geister sogar sehen: Bleichen Angesichts und mit hohlen Augen, steigen die Gerippe der Fürsten hervor. Blutige Schwerter blitzen im Mondenschein und dumpfe, grimmige Flüsterlaute, wie „Wehe" oder „Rache" lassen das Blut gefrieren.

Wenn Du sie nicht sehen kannst, wirst Du sie spüren: Es ist wie ein eiskalter Hauch, in dem sich die Nackenhaare aufrichten, wie ein Schauer der den Rücken einer Schlange gleich emporkriecht, der Dir bleischwer auf den Schultern liegt und den Hals zudrückt.

Wenn Du das spürst, solltest du beten, auch wenn das wenig Hoffnung birgt, denn der Spuk findet erst sein Ende, wenn die Glocken der St. Cyriakus läuten. Dann werden die schaurigen Gestalten bis zum nächsten Bluttag in ihre Gruft zurückgerufen.

(aufgeschrieben nach Henniger & Harten)

Das Wunder des heiligen Dorns

4. Eine Legende von Gero berichtet, der Markgraf Gero hätte in Rom vom Papst einen Dorn der Dornkrone Christi erhalten. Ein Rest der Krone ist heute in der Kathedrale Notre-Dame in Paris zu bestaunen. Mittlerweile ist dort aber kaum mehr als ein kahler Kranz zu sehen, da alle Stacheln als Einzelreliquien vergeben wurden. Von diesem Gernröder Dorn heißt es, wer ihn sah, bekam 40 Tage, wer ihr gar berührte 100 Tage Ablass. Freilich lockte das viele Pilger in die St. Cyriakus. Das wird dem Kloster eine große Summe Geldes zugeführt haben.

Heute gilt dieser Dorn als verschollen. Hellsichtige wollen ihn aber erfühlen können. Er sei in der Nähe der Grablege Geros vermauert. Man spüre seine Wirkung, weil sich in seiner Nähe das Herz beruhige. Es wäre fast so, als würde es aufhören zu schlagen, gehe aber einher mit einer unglaublich erfrischenden oder erweckenden Wirkung.

Vielleicht verdankt der Dorn seine genesende Wirkung nicht nur der ihm zugeschriebenen Heiligkeit. Er soll vom Weißdorn stammen, der Pflanze die 1990 zur Heilpflanze des Jahres gekürt wurde, aber schon in der traditionellen chinesischen Medizin bei der Heilung von Herzkrankheiten eine bedeutsame Rolle spielte. Auch unsere germanischen Vorfahren wussten: Im Weißdorn wohnen die Elfen. Ein Bruchteil, wie ein Dorn z.B., ist im Stande alle bösen Geister (auch Krankheitsdämonen) abzuwehren!

(aufgeschrieben nach Neumann)

5. Ein Schäfer erzähle vor gut zweihundert Jahren, dass vom Bildnis Geros gar Sonderliches ausginge. In grauen Vorzeiten hing es in Geros Schloss und durfte von dort niemals weggenommen werden.

Einmal, als das Bildnis nach Bernburg gebracht wurde, sei im ganzen Anwesen ein furchtbares Lärmen und Rumoren losgebrochen. Den Frauen wäre nachts die Decke vom Körper gezogen, die Knechte aber gar aus ihrem Bett gekippt worden. Kurz und knapp: Es rumorte, als wäre der Teufel zu Gast in Gernrode und kein Mensch wollte mehr im Schloss des Markgrafen bleiben.

Da wurde das Bild schleunigst wieder zurück in den Harz gebracht und an seinem alten Platz aufgehängt. Wehe aber, jemand kam dem Bildnis von nun an zu nahe. Wollte man es nur abwaschen, bebten schon die Wände, entstand ein Lärmen, als wolle die Welt zugrunde gehen und auch den Tapfersten wurde Angst und Bange.

Einmal soll das Bildnis des Geros sogar lebendig geworden sein: Eine Magd tupfte den Staub mit einem Tuche, auf dem das Wappen Geros aufgenäht war, vom Bilderrahmen. Plötzlich schnellte aus dem Bild ein Speer hervor, durchdrang den edlen Feudel und zog sich blitzschnell wieder in seinen Rahmen zurück. Zum Beweis sieht man den Lappen noch heute an der Speerspitze hängen, den Gero in seiner Rechten hält. Schau einfach selbst: Das Bild hängt auf der Empore im südlichen Flügel der St. Cyriakus, aber komme ihm bloß nicht zu nahe.

(aufgeschrieben nach Siebert & Siebert)

Der heilige Teich

6. Äbtissin Hedwig führte ein frommes Leben, so dass unser Herr seine Freude daran hatte. Den Frieden den ihr Stiefvater, Markgraf Gero, einst noch mit dem Schwerte errang, den vermochte sie allein mit ihrem Herzen auszubauen und zu festigen. Stets war sie um die Armen und Kranken besorgt und machte sich dabei weder etwas aus Ruhm und Rechten, noch aus Reichtum.

Täglich zur Mittagsstunde, pilgerte sie durch die Wälder Gernrodes bis hin zum Heiligen Teich. Dort versammelten sich wie eh und je die Hilflosen, um die Äbtissin um ihren Segen oder Almosen anzuflehen. Die Armen aber warteten an diesem Tage, dem 14. Juli 1014 unseres Herrn umsonst:

Hedwig war am Vortag krank geworden und trotz ihrer Schwäche am Abend zu einer Kranken geeilt. Der hielt sie die Hand und segnete ihren letzten Atemzug. Das aber war wohl zu viel des Guten: Zur besagten Mittagsstunde, als die Elenden am Heiligen Grunde warteten, erlag sie dem Geist ihrer Krankheit. Im Blutsturz und Fieber, sackte ihr Leib flammend zusammen, während ihre Seele sich aber friedvoll zum Himmel emporschwang.

Zur gleichen Zeit begann das Wasser des Heiligen Teiches zu brodeln, zu schäumen und sich blutrot zu färben. Der Himmel fing an zu weinen und die Armen taten es ihm gleich, ahnten sie doch, was das Zeichen zu bedeuten hatte: Ihre geliebte Herrin war gestorben!

Nach einigen Momenten war das Wunder bereits vorbei: Das Wasser färbte sich wieder in ein tiefes Blaugrün, der Regen ging zu Ende und das Licht im Walde ward weich und golden.

Seit diesem Tage heißt es, vom Wasser würde ein besonderer Segen ausgehen und es könne Kranke heilen, die im Teiche baden gingen. Das käme von der Kraft der vielen guten Gebete – vieltausend heilsame Worte – die an diesem Teich gesprochen wurden und sich mit dem Land und dem Wasser verbanden. Deswegen sei der Heilige Teich und die Stiftskirche St. Cyriakus zu einer Pilgerstätte aller Heil- und Glückssuchenden geworden. Und noch heute ist das Heilige Grab Symbol dafür, dass sich eine leidvolle alte Geschichte, in einen neuen, wunderbar lichtvollen Geist verwandeln kann.

(aufgeschrieben von Kiehne)

Die Nix am Silberteich

7. Am Grund des Silberteichs bei Gernrode, der heute der Neue Teich heißt, saß früher eine Nixe. Das war freilich nicht ihr Name. „Nixe" stammt sowohl vom althochdeutschen Wort „nichus" (Wassergeist), als auch vom lateinischen Begriff „necare" (töten) ab. Und ihrem Namen machte sie alle Ehre, denn ihr liebster Spaß soll es gewesen sein, junge Männer zu verführen und sie in die Tiefe ziehend zu ersäufen. In jedem Jahr zu Johanni wollten die jungen Kerle aus Gernrode ihren Mut beweisen. So ward es Brauch für einen Mann, wenn für ihn der sechzehnte Sommer begann, dass er des Nachts allein zum Silberteich ging, an seinen Grund tauchte, der Nixe einen vermoosten Stein aus ihrem Heim zu stehlen.

Doch nach den letzten zwei Jahren, wagte sich das niemand mehr. Im letzten und vorletzten Sommer, war jeweils ein Jüngling zur Geisterstunde hinausgezogen, nicht wiedergekommen, doch am nächsten Morgen mausetot aus dem See gezogen worden. – „Ich werde gehen!", sagte Christian, Sohn eines Müllers aus dem Hagental, den man bis dahin eher wegen seiner Zurückgezogenheit verlachte und die Menge meinte, dass er kurz vorm Silberteich schon noch kneifen werde. Doch Christian kniff nicht. Allein am Damm stehend, zog er sich bis auf die Hose aus und sprang ins dunkle Wasser hinein, dass trotz des beginnenden Sommers noch eiskalt war. Das kleine Säckchen aber, dass an einem Beutelchen um seinen Hals hing, wärmte ihn. Mit raschen Schwimmzügen tauchte er hinunter, berührte manchen Fisch, fand am Grunde auch endlich das Nixenheim und zog einen Stein aus ihrem Dachwerk heraus. Doch, wie er nun aber mit dem Stein auftauchen wollte, war das schwerer als gedacht. Pflanzen wanden sich um seine Beine. Und das, fühlte sich das nicht nach einer Hand an, die nach seinem Knöcheln griff?

Eisern hielt sie ihn fest, zog ihn in die tiefe Dunkelheit zurück. So sehr er auch strampelte, schwamm und sich loszureißen versuchte, der Griff ward umso fester. Wie er einsah, dass es so nicht gehen würde, beschloss er, der Nixe von Aug zu Auge zu begegnen. So wand er sich seinem Fuße zu und da ..., da war sie tatsächlich! Und was war das für ein betörend schönes Wesen? Eine silberne Haut mit langem silbernem Haar hatte sie. Ansonsten war sie einem Menschen ganz ähnlich, nur viel anmutiger und liebreizender. Tief schaute er in ihre Augen und sah darin völlig unbekannte Welten: Riesige Wellen auf dem Meer, Städte unter Bergen von Wasser, aber auch die Sterne, so strahlend wie niemals zuvor.

Und die Nixe? Sie sah ihn, kam näher und immer näher und wie er schon nach Atem rang, wie ihm das Herz zu stocken drohte, netzte ihre Lippen die Seinen. In einem langen Kuss schenkte sie im Luft. Dann umklammerten ihre Beine seinen Körper, zugleich erkundeten ihre Hände jeden Zentimeter seiner Haut. Ihr nackter Leib klebte an Seinem, sich zum Takt der Wellen auf ihm bewegend und jedes Mal, wenn er fast keine Luft mehr bekam, gab sie ihm einen Kuss, der nach neuem Leben schmeckte.

Sah man den Silberteich nun von draußen, da sprudelte das vormals ruhige Teich plötzlich auf, so als würde es kochen und dann, tauchte ein Kopf aus der Tiefe auf und der Knabe Christian, der am Grunde des Sees den kleinen, süßen Tod genossen hatte, stieg als Mann aus dem heißen Nass heraus. Die Sonne ging gerade auf und die Nixe sah dem Mann, der mit sich zufrieden ins Hagental hinunterlief, noch lange nach. Ein verstörter Blick lag in ihrem Gesicht, doch geprägt von liebevoller Sehnsucht und Beseeltheit, denn mit ihm, hatte auch sie ganz neue Welten betreten. Erstmals war ihr warm ums Herz geworden.

Die Männer im Orte staunten nicht schlecht: Christian hatte zwar den Stein der Nixe nicht dabei (den hatte er ihr nach diesem süßen Spiel einfach nicht entwenden können), doch war er für alle unübersehbar ein anderer geworden. Ein stilles, wissendes Lächeln lag auf seinen Lippen, ein jedes Mal, wenn andere nach seinem Abenteuer fragten.

Die Details aber, blieben sein Geheimnis. Er überlegte oft, ob er es dem Säcklein am Hals verdanke – indem eine Ringelblumenwurzel lag, die eine anziehende und betörende Wirkung haben soll – dass die Nixe nur den kleinen Tod von ihm einforderte?

(der Birke abgelauscht)

Postkartenmotiv um 1920 vom Silberteich aus eigenem Archiv

Bischof Arnulfs Spottgesang

8. Um das Jahr Tausend herum, weilten oftmals die bedeutendsten Männer in Gernrode: Kaiser und Könige, sowie höchste Vertreter der Geistlichkeit, wie der Halberstädter Bischof Arnulf. Dieser hohe kirchliche Würdenträger, der nach Geronisroth zu einem Gastmahl eingeladen war, war kein Geringerer als der Bruder König Heinrichs.

Nach der Messe beschloss der Bischof von der St. Cyriakus zum Stuffenberg spazieren zu gehen, als er auf einen Geistlichen stieß, der einen Falken auf dem Arm sitzen hatte. Verärgert rief der Bischof: „Weiß er nicht, dass er einen heidnischen Brauch damit pflegt? Fort sag ich, fort!", und wedelte mit seinen Händen wie wild in der Luft, dass es dem Vogel in den Kopf kam, er nach seinem Herrn zu schnappen begann und endlich seine Schwingen ausbreitete und sich krächzend in die Lüfte erhob. „Das hat er nun davon!", schalt der Bischof den Gernröder und rügte ihn mit harten Worten für sein frevelhaftes Tun.

In einem kleinen Flecken wie Gernrode, auch wenn es dazumal eine der berühmtesten Städte seiner Zeit war, bleibt solch eine Auseinandersetzung freilich nicht lange unbemerkt. Das Gerücht machte die Runde, der fremde Bischof hätte den Stiftsmann Hugal schwer gekränkt, was auch stimmte. Viele Gernröder Leute schlossen sich kurzentschlossen zu einer bewaffneten Mannschaft zusammen. Wütend stürmten sie zum Bischof, ihn zur Rede zu stellen, weshalb man ihren Herren derart rügen und demütigen würde. Am Hof, in dem der Bischof sich eben einen gebratenen Vogel schmecken ließ, spürte man die Stimmung der Landsknechte und versuchte sie auch zu beruhigen. Man rechtfertigte das Tun des Bischofs damit, dass jener in seinem Sprengel einen heidnischen Brauch untersagte, was ja seine Pflicht sei.

Als die Meute aber gar nicht daran dachte, sich in Äußerungen und Handgreiflichkeiten zu mäßigen, sagte man ihnen, es hätte keinen Sinn das Haus zu erstürmen, da der Herr Bischof Gernrode bereits verlassen hätte, als sich die Sonne westwärts neigte.

Langsam beruhigte sich die Wut der Klostermannen, manche gingen heim, andere ertranken ihren Frust im Klosterwirtshaus. In der Zwischenzeit schickte der Bischof einen Kurier mit dem Auftrag nach Halberstadt, seine Soldaten mögen ihn abholen kommen. Am nächsten Morgen rollte ein edler Sechsspänner, geschirmt von Soldaten zu beiden Seiten durch die engen Gassen Gernrodes. Auch jetzt sprach es sich schnell herum, dass der Bischof sich die ganze Nacht wie ein Hase im Amtshof versteckt gehalten hätte und nun das Weite suchen würde. Spottlieder begleiteten seinen Weg aus der Stadt.

„Der Adler und Wolf im Namen hat, den jagt Hugal aus uns'rer Stadt,

Da flieht Arnulf mit dicker Wampe, vor Hugals Falken, wie Meister Lampe."

Man kann es sich denken, dass die Geschichte hier nicht zu Ende wäre: Arnulf berichtete gleich seinem Bruder, König Heinrich, von dem ungeheuerlichen Betragen der Gernröder Stiftsleute, worauf dieser so erboste, dass er umgehend ein königliches Dekret nach Geronisroth sandte: „Mögen die Frevler an ihrem Leben hängen und nicht hängen wollen, sollten sie umgehend bei Bischof Arnulf vorstellig werden, ferner 300 Pfund Silber mit sich führen, die dem Bistum als winz'ge Genugtuung zu leisten sind. Mögen die Rebellen nicht bis Ostern einsichtig sein, so dürfen sie sich an die Vorstellung gewöhnen, überhaupt nicht mehr zu sein!"

Ostern kam heran und in der Domkirche zu Halberstadt saß Bischof Arnulf und genoss die schweigende, zu ihm aufschauende Menge. Gebieterisch erhob er seine rechte Hand, worauf ein Kirchendiener rief: „Sie mögen hereintreten!"

Die Gernröder, allen voran der Stiftsmann Hugal, erschienen im Büßergewand, also mit bloßem Haupt, barfuß und zerlumpter Kleidung. Demütig begab sich die Rotte in die Hände des Bischofs. Mit Arnulfs Beschluss, die Frevler sollten vierzig Tage Fasten, wurde der Streit endlich beigelegt, zumindest sofern kein neues, aufrührerisches Tun an seine Ohren dränge.

Arnulf musste sich das höhnische Grinsen verkneifen, als die büßenden Gernröder vor ihm im Kirchenschiff knieten. Langsam erhoben sie sich, noch eine Verbeugung schuldend, wandten sich dann um und trotteten langsam durch die sprachlose Menge ins Freie. „Denen ist's vergangen, sich mit mir zu messen!", meinte er, doch jäh wurden seine Gedanken unterbrochen. Irgendwer im Kirchenschiff summte leise eine Melodie und viele andere stimmten ein. Er kannte diese Klänge, doch woher nur? Dann verfinsterten sich seine Gesichtszüge, denn die Erinnerung kam wieder zu Tage:

„Der Adler und Wolf im Namen hat, den jagt Hugal aus uns'rer Stadt ...!"

Innenansicht vom Halberstädter Dom, Stefan Herfurth Photographie

Die Seelöcher

9. Mitten im Harz bei Gernrode, zwischen hohen Bergen und tiefen Wäldern, liegen die Seelöcher. Menschen finden nur zufällig hierher, weil sie sich abseits aller Wege befinden. So sind diese kleinen Sümpfe im Dickicht umgeben vom stillen Frieden Mutter Erdes. Im Hochsommer bilden die Sonnenstrahlen einen goldenen Teppich auf dem Wasser und die Dunstschleier umwehen die Tannen. Ein sanfter Wind streichelt die Gräser, doch die Oberfläche der Seelöcher ist spiegelglatt. Einmal saß ich hier und konnte nicht anders, als ein Steinchen in einen Teich hineinzuwerfen, worauf ganz Sonderliches geschah:

Als ob ein Märchen mich umfangen würde, pfiff der Wind ein unwirkliches Lied, die Tannen flüsterten geheimnisvoll und aus dem glasklaren Seeloch quoll eine helle Jungenstimme. Träumte ich? Plötzlich sah ich vor meinem inneren Auge Pferde über eine Wiese springen und Knaben, welche diese schönen Tiere hüteten. Sie saßen gerade an einem Baum, als die Sonne am höchsten Punkt stand, sich zu laben. Der eine hatte wie immer einen Kanten dunkles Brot dabei, der andere aber ausnahmsweise ein weißes Stück Kuchen, da der Oheim zu Besuch und dies ein Grund der Freude war. „Gib mir ein Stück weißes Brot – ach, bitte teile es mit mir!", bat der Junge seinen Freund und bekam auch gleich etwas gereicht. Doch ein Rabe war schneller: Vom Baume schnellte der schwarze Vogel zum Jungen herab, griff mit dem Schnabel das Brot und war schon wieder auf und davon. „Du dummes Federvieh, ich will meinen Kuchen zurück!", schrie der Bestohlene und schmiss dem Vogel einen Stein hinterher. Das weiße Brot bekam er aber nicht zurück. „Bitte gib mir noch ein Stück!", bat er seinen Freund, doch der hatte den Kuchen bis zum letzten Krümel längst vertilgt. So gerne er auch etwas abgegeben hätte, es war zu spät.

Da war der Junge mit dem schwarzen Kanten zornig, band seinen Brotlaib an einen Ast, holte seine Peitsche und schlug auf die Stulle ein, dass sie in tausend Stücke ging. Dabei schrie er wie wild: „Ich will den Kuchen, ich will den Kuchen!" – „Halt ein!", beschwichtigte ihn sein Freund, „Man muss das Brot achten!", doch der Wüterich dachte gar nicht daran seinen Zorn zu zügeln, bis ein gewaltiger Donnerschlag die Erde zum Erbeben brachte.

Die Jungen bekamen gar nicht mit, dass ein Gewitter über den Harz heranrollte. Dunkle Wolken waren aufgezogen und die ersten Blitze zuckten bereits in die nahen, himmelhohen Bäume. „Schnell, zu den Pferden!", rief der Junge der den Kuchen mitgebracht hatte, „Zu den Pferden, wenn wir noch trocken nach Hause kommen wollen!" Er pfiff, die Pferde folgten und jagte schon mit seinem Teil der Herde nach Hause. Der andere Knabe versuchte nun seinerseits die ihm anvertrauten Tiere zusammenzutreiben, nur gelang das nicht – die Pferde waren scheu, rannten wild durcheinander bis der zweite Donnerschlag den Wald zum Weinen brachte. Starr vor Angst taten die Pferde weder einen Schritt vor noch zurück, ganz gleich wie laut der Bub auch brüllte. Wo war nur seine Peitsche, überlegte er und schlug sich plötzlich an die Stirn. „Stimmt, dort unter dem Baum! Ach, ich hätte das Brot nicht schlagen dürfen!" Der Blitz war eben in jenen Baum eingeschlagen und ließ ihn lichterloh in Flammen stehen. Dann donnerte es so allgewaltig, dass das Pferd hochstieg. Der Bub darauf konnte sich nicht halten, fiel herunter, schlug aber auch nicht zu Boden. Eine starke Windböe hatte Pferd und Knaben ergriffen, wirbelte beide eine Zeit lang durch die Lüfte, um sie anschließend brachial zu Boden zu spucken.

Nun stürmten die anderen Pferde durchs Hagental, ins Städtlein Gernrode hinein, wo man sich ängstigte und fragte, wo denn der Junge blieb. Sofort machten sich einige Gernröder auf, den Verlorengegangenen zu suchen, nicht, dass er von einem Baume erschlagen am Wegesrand lag und schrie. Doch gefunden haben sie weder Pferd noch Reiter, als hätte die Erde sie verschluckt.

Als Wochen später der andere Knabe durch die Täler ging, um Kräuter zu suchen, da sah er etwas Helles durch die dunklen Tannen schimmern. Wie er näherkam, lagen vor ihm zwei Seen, die er zuvor nie gesehen hatte, obschon er dieses Waldstück wie seine eigene Westentasche kannte. Einer war kreisrund, klar und grün, wie die Augen seines Freundes. Der andere aber stand voller Wasserpflanzen und hatte die Form eines Hufeisens. Aufgeregt lief er heim und erzählte allen, was er entdeckt hatte. „In dem einen See schläft der Junge, im anderen aber sein Pferd!", sagten die Gernröder erschrocken, bekreuzigten sich und fügten vorwurfsvoll hinzu: „Warum nur, hat er das Brot missachtet?"

Seitdem sind viele Jahrhunderte vergangen, doch noch heute ist dieser Flecken im Walde den Meisten nicht geheuer. Bist du aber mutig, versuche es selbst: Werde still und träume dich in vergangene Zeiten.

(aufgeschrieben nach Probst)

10. „Aus zwei Welten kamen wir zueinander – ich wünschte wir wären für immer vereint!", hauchte sie ihm zärtlich ins Ohr und genoss es von seinen starken Armen fest umschlungen zu werden.

In diesem Moment schlug die Pforte lautstark auf und der Graf stand funkelnden Blickes in der Stallung. Wut kochte in ihm auf, als er seine Versprochene mit dem Pferdeknecht liebkosend am Boden sitzen sah. Bebenden Schrittes ging er auf die Beiden los, hieb dem Knecht mit seinem eisernen Handschuh so fest ins Gesicht, dass dieser blutend zu Boden ging. Dann legte sich sein eiserner Griff um den Hals der Schönen, die er einst rasend liebte, nun aber aus tiefsten Herzen hasste, würde er ihr Herz doch niemals gewinnen. Besinnungslos drückte er zu, sie schnappte nach Luft und in wenigen Sekunden wäre wohl alles vorbei gewesen, …!

Doch plötzlich …, ein dumpfer Schlag. Hart am Kopf getroffen, kippte der Graf zur Seite, ein rotes Rinnsal floss aus dessen Wunde in den Pferdemist. Der Knecht kniete neben seiner Geliebten, versuchte sie zu trösten, sie zu halten, während der Hochgeborene neben ihnen tot am Boden liegen blieb. „Liebster, sie werden dich suchen und töten. Deine Zeit schwindet, rasch, du darfst nicht verweilen!"
„Wenn wahre Liebe uns verbindet, dann bist du bald wieder mein.", hauchte er, gab ihr einen Kuss, sprang aufs Pferd des gemordeten Grafen und floh.

Gerade zur rechten Zeit, denn das Gesinde des Herrn kam vom Lärm geweckt in die Stallung gerannt, sah die künftige Gräfin weinend neben ihrem toten Grafen knien und, dass der Knecht ein Pferd gestohlen.

„Schließt die Tore, haltet ihn!", riefen von hier und dort die Stimmen. Doch der Mörder hatte das Tor längst passiert. Der Knecht spornte sein Pferd, wusste er doch nur zu gut, dass er nun vogelfrei war.

Jedermann konnte den Rechtlosen töten. Mehr noch, für diese Tat würde man sogar reich belohnt werden. Nur eine Hoffnung blieb: Der alte Gerichtsstein am Wegekreuz zwischen Rieder, Gernrode und Quedlinburg, ganz nah der Wüstung Bicklingen. Würde er es schaffen sich an dieser Malstätte freizuschlagen, dann wäre er gerettet. Wer auch immer diesen Menhir berührte, genoss den Schutz des Asyls, verdiente eine gerechte Anhörung, gleich welchen Standes er war.

Das der Gerichtsstein das Ziel des Knechts sein würde, ahnten die Mannen des Grafen gleich. Zu zehnt stürmten sie dem Entflohenen nach, dicht gefolgt von der Schönen auf ihrem Schimmel. Auf der Hälfte des Weges vom Leturm zur Bicklingswarte hatten die Verfolger den Knecht endlich eingeholt. Wenige Pfeilschüsse genügten, um das Pferd des Knechts zum Lahmen zu schießen. Das Ross brach zu Boden und schmiss seinen Reiter in hohem Bogen ab.

Bangen Blickes spähte der Knecht zum schutzversprechenden Stein, der dort wenige Meter vor ihm zum Himmel aufragte. Mühsam stemmte er sich hoch, humpelte die letzten Schritte, höchstens zehn, nur noch neun, acht … - da trafen ihn zwei Pfeile, sich tief in seinen Rücken bohrend. Fast besinnungslos vor Schmerz fiel er nach vorn. Noch einen Meter, er musste es versuchen. Mühsam kroch er auf allen Vieren, um den Stein doch noch zu berühren. Nur die Hand ausstrecken, doch kaum angehoben, steckte ein Pfeil in ihr. „Genug!", schrie die Gräfin aus der Ferne, den Häschern des Ermordeten hinterher. „Lasst ihn in Frieden!"

Längst war der Tross am Gerichtsstein angelangt. Wild tänzelten die Pferde um den am Boden Liegenden herum. Der Versuch war missglückt: Wohl ein halber Meter fehlte zur Freiheit. Die Schöne stieg vom Pferd und eilte zu ihrem Liebsten, dem nur die Kraft zu wenigen Worte blieb: „Vergiss mein nicht und auch im nächsten Leben wart' ich auf dich."

Noch lange saß die Gräfin weinend am Butterstein und hielt den Kopf des toten Pferdeknechts sanft liebkosend auf ihrem Schoß. Die Mannen des Grafen wunderten sich sehr über dieses übereifernde Mitleid ihrer neuen Herrin. Mit dem Knecht, war doch lediglich ein Teil des Hofgesindes zum Teufel gegangen. Viele Jahre später, sahen die Leute die „Butterjungfer" noch oft am Malstein sitzen. Und hundert Jahre drauf, als die Schöne längst verwelkt und vergraben ward, da nannte man den Gerichtsstein „Butterjungfer". Unter diesem Namen kennt man den Platz noch heute, obschon der Stein längst nicht mehr steht. Warum sie aber in aller Munde „Butterjungfer" hieß, willst Du wissen? Nun, eine Jungfer blieb sie Zeit ihres Lebens, denn ihr Herz hatte sie an den Knecht verschenkt. Und butterweich ums eigene Herz, ward jedem, der sie dort sitzen sah und weinen hörte. – Noch heute in der Todesnacht des Pferdeknechts, hört man am besagten Wegekreuz die Winde heulen, als ob jemand aus tiefstem Herzen trauere.

In der „Butterjungfer" sollen viele Nägel eingehauen worden sein, ähnlich dem „Nagelstein" bei Ermsleben. Dieser alte Brauch erinnert an die frühen „Gottesurteile". Wenn es dem Angeklagten gelang, einen Nagel gerade in den Stein hinein zu treiben, dann sprach er die Wahrheit, meinten unsere Ahnen. Zudem sollte es Glück bringen, den Malstein zu nageln.

Äußerst spannend ist auch, dass dieser alte Rechtsbrauch eben jener Sage der Butterjungfer heute symbolisch im Spiel Fangen-Verstecken und Freischlagen an einem vorher ausgemachten Mal weiterlebt. Wer am Mal anlangt und abschlägt ist „frei" und hat gewonnen … was auch immer!

(aufgeschrieben nach Gerth & Lück)

11. Der Gipfel des Rabenberges, eine Stunde südlich von Gernrode und dem Stubenberg, ebensoweit westlich von Ballenstedt, einer Stadt im Fürstentum Anhalt, bietet dem Wanderer einen überraschenden Anblick: Die ganze gewundene Kuppe des Berges ist mit großen Granitblöcken übersät, die teils übereinander aufgetürmt, teils wüst zerstreut umherliegen. Besonders zeichnet sich eine Felsengruppe auf der höchsten Spitze des Berges aus. Hier liegen mehrere ziemlich unregelmäßige Schichten solcher Granitfelsen, von beträchtlichem Umfang aufeinandergestapelt. Fast macht es den Anschein, sie seien künstlich abgerundet und eingeebnet um eine Art Pyramide zu bilden. Ganz allein steht sie da und erhebt sich auf dreißig Fuß über den flachen Berggipfel. Rings umher liegen Tausende von größeren oder kleineren Granitblöcken zerstreut.

Die Aussicht von dieser Felsenspitze muss gewaltig gewesen sein, als man noch nicht in einem Meer von Bäumen stand. Der Blick vom Aussichtsturm an der Victorshöhe, soll der einzige in Norddeutschland gewesen sein, von dem aus beide Seiten des Harzes beherrscht werden konnten. Diese Felsenmasse ist unter dem Namen Teufelsmühle bekannt. Der Raben- oder Ramberg soll seinen Namen dem Gott Ramm verdanken, den die alten Sachsen hier wohl verehrten. Auf der Felsenspitze, die jetzt Teufelsmühle heißt, stand einst sein Bildnis. Die Bewohner dieses schönsten und wichtigsten Teils des Sachsenlandes konnten die Opferfeuer sehen, welche die Priester hier anzündeten. Aufsteigende Dampfsäulen verkündeten den nahen und fernen Anwohnern des Harzes, wenn neue Opfer erwartet wurden. Dann strömten Ramms Verehrer aus dem ganzen Harzgau zusammen und freuten sich der hell auflodernden Flamme.

Als Karl und Winfried die deutschen Götzenaltäre umstürzten, verloschen allmählich auch Ramms Feuer. Aber statt seiner, trieb nun geraume Zeit der Teufel sein Unwesen in diesem unwirtlichen Gebirge.

Ein Müller hatte sich am Abhang des Rabenberges eine Windmühle erbaut, der es aber im Tal oft an Winde fehlte. Bald stieg in ihm der Wunsch auf, eine freistehende Mühle auf dem höchsten Gipfel des Berges zu erbauen, die „dort droben sicher stets und ständig in Gange sein musste". Denn ganz gleich, ob der Wind nun vom Morgen oder vom Abend, vom Mittag oder Mitternacht her wehen würde, hier bogen sich die Bäume.

Doch wie in dieser Einöde, in dieser kargen Anhöhe eine Mühle bauen? Schwierig, nein, eigentlich unmöglich, schien ihm dies Projekt für Menschenhand zu sein. Wie wolle man zudem eine solch große Mühle beim Ansturm der „Wilden Jagd" befestigen?

Doch der tiefsitzende Wunsch ließ ihm obschon seiner Unmöglichkeit keine Ruhe. Tag und Nacht hielten ihn seine Gedanken gefangen, bis er eines Tages keinen Ausweg mehr wusste, als sich auf Gedeih und Verderb dem Teufel zu verschreiben. Der bot nur zu gerne seine Dienste an. Nach langem Dingen und Bieten war der Müller soweit, dem Beelzebub seine Seele zu überantworten, würde dieser nur dreierlei Bedingungen erfüllen:

1. *30 Jahre dürfte der Müller im Reichtum leben.*
2. *Eine ganz tadelfreie Mühle von sechs Gängen müsste ihm der Teufel auf dem Gipfel des Rabenberges erbauen.*
3. *Und zwar müsse sie in der nächsten Nacht vorm ersten Hahnenschrei vollendet sein.*

Der höllische Baumeister türmte also die Felsen aufeinander und baute eine Mühle sondergleichen. Bald nach Mitternacht war das Werk getan und der Müller sollte kommen, die neue Mühle zu prüfen und zu übernehmen.

Unter lautem Herzpochen erschien der Müller und fand alles weit über seine Erwartung. Wie gern hätte er aber nun die Hälfte seines Lebens für die Entdeckung eines einzigen geringen Fehlers gegeben, nur fand er die Mühle in bester Ordnung. Gerade als er zitternd die Mühle mit der schrecklichen Bedingung übernehmen und mit eigenem Blut den Teufelspakt unterschreiben wollte, entdeckte er, dass einer von den Steinen fehlte, die dem Müller unentbehrlich sind. Der gehörnte Baumeister leugnete lange diesen gerügten Fehler, musste ihn aber letzten Endes eingestehen.

Augenblicklich schwebte der Teufel durch die Lüfte herab, um den fehlenden Stein zu ersetzen. Doch eben in dem Moment, als er ihn einzusetzen versuchte, krähte der Hahn an der unteren Mühle. Wütend über seinen verfehlten Zweck, fasste der Teufel das Gebäude, riss Flügel, Räder und Wellen herab und warf sie weit umher. Dann stürzte er die Felsen um, die er zur Mühle aufgetürmt hatte. Nur ein kleiner Teil des himmelhohen Bollwerks steht noch heute und heißt zum ewigen Andenken: Die Teufelsmühle!

(aufgeschrieben nach Grässe)

Wie der Müller seine Seele rettete

12. Andere sagen, der Müller hätte bereits ganze sieben Jahre in der Teufelsmühle gelebt und gearbeitet. Als allerletzte Bedingung des Teufelspaktes, hätte der Gehörnte nur noch eine Sache erfüllen sollen, um die Seele des Mannes mit ins dunkle Reich zu nehmen.

Über diese „letzte Sache" aber, grübelte der klevere Müller tagein, tagaus in den vergangenen sieben Jahren. Als der Tag der Entscheidung gekommen war, bohrte der Müller mit seinem winzigsten Bohrer ein Loch in eine nahe Eiche. Dann forderte er, der Teufel müsse trotz seiner Größe dort hineinfahren, und wenn es ihm nicht gelänge, wovon er ausginge, wäre seine Seele frei.

Der Teufel machte sich winzig klein und schlüpfte auch wirklich in das Loch. Der Müller aber hielt einen Holzspan bei der Hand, stöpselte das Loch geschwind zu, worauf der Teufel gefangen saß.

„Willst du wieder heraus?", fragte der Müller, „so sprich mich und meine Seele frei!" Das gelobte der Teufel auch und wurde frei gelassen. Wie er aber aus dem Baume kaum heraus war, machte er sich groß und fuhr wie ein Berserker in die Mühle. Tausend Steine sprengten auseinander, polterten zu Boden und liegen so noch heute. „Siehst du mich?", schrie er dem Müller zu, der von den Steinen begraben ward. Die Seele gerettet, das Leben verwettet – so kommt's, wenn man mit dem Teufel zu spielen versucht.

(aufgeschrieben nach Pröhle)

Die goldenen Kohlen

13. In Gernrode lebte einst ein Müller, der ward vom Unglück verfolgt. Seine Windmühle auf dem Bückeberg war 1713 von einem Sturm gen Tal geschmettert wurden, so dass kein, aber auch wirklich gar kein Stein auf dem anderen blieb.

Nun suchte er sich einen gescheiteren Ort zum Bau einer neuen Mühle. Bald fand er einen alten Wartturm, den er leicht zu einer neuen Mühle umbauen würde. Es mangelte auch nicht an seinem Fleiß. Er rodete das Holzland um den Turm, schnitt aus den dicken Stämmen Balken und Bohlen und rasch wuchs die Holzländermühle, die heute Holländermühle heißt, in die Höhe. Doch kurz vor der Fertigstellung ging ihm das Geld aus. Und wenn eine Mühle nicht fertig ist, kann sie kein neues Geld mahlen. Der Müller war kurz vorm Verzweifeln, als es „Poch, poch!" an seine Türe klopfte.

Ein armes Mädchen öffnete vorsichtig die Tür und sprach, als es den Müller sah: „Ich suche eine Bleibe, werde auch hart und fleißig arbeiten und möchte dafür nur Kost und Unterkunft!" – „Ach Mädchen", sagte der Bauer, „Wie du siehst ist die Mühle nicht fertig. Für mich selbst hab' ich doch nicht genug, hier wirst du kein Glück finden, nur weiteres Leid." – „Lieber Müller, gemeinsam ist das Leid doch besser zu schultern. Gib mir nur die Hälfte von dem, was du hast, damit bin ich zufrieden!"
Und so lebten Beide in Armut miteinander und jeder war dem anderen Trost und langsam, ganz langsam, schritt der Mühlenbau voran. „Ach liebes Mädchen", sprach eines Abends der Müller und stützte seinen schweren Kopf auf die Hände, „Da arbeiten wir zwei für Vier und werden die Mühle doch erst in drei Leben vollendet haben!"

„Ach guter Müller, lass uns nur fromm gemeinsam beten, wer weiß schon, was morgen ist!", lachte die Frau beherzt und der Mann, dem fiel zum allerersten Mal auf, wie schön sie war, ... trotz der schmutzigen Schürze und dem verrußten Gesicht. „Ja, ich werde mit dir beten:", gab er zur Antwort, kniete sich plötzlich vor ihr hin und küsste ihre Hand, „Wenn du nur Ja zu mir sagst und ganz gleich was kommt, an meiner Seite bleibst!"

„Ja, ja, ja!", sagte sie, während ein Tränlein über ihre Wange kullerte und sie sich zu ihm herunterbeugte, um ihm den ersten Kuss zu geben. Und wer sich an seinen eigenen, ersten richtigen Kuss erinnert, der weiß, dass es kein besseres Gebet zum Glücklichwerden gibt.

Mitten in der Nacht erwachte sie an seiner Seite. Ein seltsames Licht fiel durchs kleine Fenster in die Mahlstube hinein. Hatte sie den neuen Morgen verschlafen? Schnell stand sie auf und sah hinaus. Das merkwürdige Strahlen kam von einem Feuer am Wegekreuz an dem drei Männer saßen. „Sicher werde ich mir etwas von der Glut holen dürfen, um den Herd anzufachen!", dachte sie bei sich, ging zu den Mannen, die sie auch einluden sich etwas von der Glut zu nehmen: „Weil ihr fleißig seid!", sagte der Erste. „Freundliche, jedoch sonderbare Gestalten", dachte die Frau, schob die erhaltene Glut in den Ofen, doch was war das? Sie erlosch sofort. Ein weiteres Mal ging sie raus zum Feuer und der zweite Mann forderte sie auf, ruhig tüchtig zuzulangen: „Weil ihr euch liebt!"

Doch war es wie zuvor: Kaum hatte sie die Glut zum Ofen getragen, war sie verloschen und erkaltet. „Ein letztes Mal werd' ich's versuchen – es kann doch nicht angehen, dass mir kein Feuer gelingen will!", sprach sie zu sich. Doch wie sie das dritte Mal an der Wegkreuzung beim Feuer stand, sagte der Letzte: „Nimm dieses eine Mal noch, aber hüte dich davor, uns nunmehr zu belästigen!" - Das war ihr nicht geheuer. Schnellen Fußes ging sie zur Mühle zurück, wo sie rasch die Pforte fest verrammelte, die längst abgekühlte Glut im Eimer zum Ofen stellte und zitternd ins Bett zum Manne kroch.

Wie sie kaum darin lag, hörte sie die Fridericusglocke der St. Stephanus zur Geisterstunde läuten. Da faltete sie die bebenden Hände und bat, das Licht des neuen Morgens möge sie nur bald erhellen und alles Böse fernhalten.

„Was war das für ein seltsamer Traum, mein Lieber!", sagte sie zum Müller als sie ihre Augen auftat. Der Müller aber stand mit großen Augen vorm Ofen und konnte nicht glauben, was er sah: Da lagen zwei Haufen goldener Klumpen im Kamin und aus dem Eimer daneben, glänzte es nicht minder. „Gutes Weib, hast du eine Erklärung dafür?" Da strahlte sie übers ganze Gesicht und wusste, dass ihre Erinnerungen keine Trugbilder waren. Der Müller bekam nun die ganze Geschichte zu hören, wiegte um Fassung ringend mit dem Kopf und sprach: „… Weil wir fleißig sind … und weil wir uns lieben …!" – Eine wunderschöne Geschichte, findest Du nicht? Es erklärt sich wohl von selbst, dass sie es nun leicht vermochten, die Mühle zu vollenden; dass sie ein gutes und hingebungsvolles Leben führten und sich sicherlich noch immer knutschen, sofern sie nicht gestorben sind. *(aufgeschrieben nach Probst)*

Sagen vom Mägdesprung

14. Zwischen Ballenstedt und Harzgerode im Selketal zeigt das Volk auf einen hohen Felsen, auf eine Vertiefung im Gestein, die Ähnlichkeit mit dem Fußtapfen eines Menschen hat und hundert Fuß weiter auf eine zweite Fußtapfe.

Eine Hünin oder Riesentochter ging einst auf dem Rücken des Harzes, vom Petersberge kommend, spazieren. Als sie die Felsen erreicht hatte, die jetzt über den Hüttenwerken stehen, erblickte sie auf der Spitze des Ramberges ihre Gespielin. Lange stand sie so zögernd da, winkte ihr nur zu, traute sich jedoch nicht hinüber, denn die Beiden trennte ein breites Tal. Sie blieb hier so lange, dass sich ihre Fußtapfe ellentief in den Felsen eindrückte, wovon heutzutage noch die schwachen Spuren zu sehen sind.

Weil sie aber zögerte, ward sie von einem vorbeikommenden Knecht des Menschenvolkes höhnisch ausgelacht. Als die Hünin das bemerkte, streckte sie ihre Hand aus und hob den Knecht samt Pflug und Pferden in die Höhe, nahm alles zusammen in ihr Obergewand, nahm Anlauf und sprang mit allem über das Tal hinweg. Nun hatte sie ihre Gespielin mit einigen Schritten erreicht, setzte den Menschen mit seinem Gespann auf dem falschen Bergsporn zur Erde, womit der nun eine unnütze halbe Tagesreise in Kauf nehmen musste. Und die Moral von der Geschicht'? Boshaft zu spotten, das lohnt sich nicht!

Oft hört man aber auch erzählen: Eine Königstochter wäre in ihrem prächtigen Wagen herangefahren gekommen, habe plötzlich das tiefe Tal gesehen, was ihr die Überfahrt auf das jenseitige Gebirge versperrte. Flugs tat sie einen Zauber, der sie riesig machte, nahm den Wagen nebst den Pferden in ihr goldenes Gewand und sprang von jenem Berg zum anderen.

Zuletzt werden die Fußtritte einer Bauerdirne zugeschrieben, die zu ihrem Liebsten, einem Schäfer, wollte. Sie hätte einen solch gewaltigen Ansatz beim Sprung gemacht, dass sich beim Auftritt ihre Spur eindrückte.

(aufgeschrieben nach den Gebrüdern Grimm)

Altes Postkartenmotiv vom Mägdesprung, aus eigenem Archiv

Spuren wahrer Liebe

15. Ein alter Harzkönig bewohnte eine der alten Burgen im Selketal. In der anderen Burg gegenüber hauste Luitpold, ein edler Recke, der von weiter Ferne kam, um hier mit seinen Mannen eine stolze Burg zu errichten. Es war ein riesiges Geschlecht, aus dem der Harzkönig stammte, aber ebenso gigantisch war der Einfluss Luitpolds. Der hatte sein Herz an die Tochter des Harzkönigs verloren. Amala hieß sie und auch sie war dem Fremden zärtlich zugetan. Tragischerweise, und hier sind sich die meisten Sagen die sich um Königstöchter ranken einig, hatte der König seine Tochter schon einem anderen versprochen. Ein langjähriger Freund und Kriegsverbündeter war dieser Mann, der aus dem fernen Island kam. Doch das war nicht der eigentliche Grund der inszenierten Verbindung. Viel ärger war, dass der Harzkönig bei dem Isländer tief in Schulden stand. Dabei machte sich der Schuldner nichts aus dem schnöden Golde, er wollte nur das Herz Amalas gewinnen.

„Wer weiß, was der Isländer täte, würde er vom Herzenswunsch Amalas hören?", fragte sich der Harzkönig insgeheim. „Er hätte das Recht mir Land, Leute und Krone zu nehmen.", schloss er und lehnte jeden Ansturm an Bitten seiner Tochter ab, den Sassenritter Luitpold zu freien.

Dann aber kam ein Tag, da die Kunde den Isländer erreichte, ein fremdes Heer sei in sein Gebiet eingefallen, was seine Anwesenheit auf dem Schlachtfeld vonnöten machte. Mit einem riesigen Tross an Kämpfern zog er aus, nicht ohne aber sich vorher beim Harzkönig vergewissert zu haben, dass mit seiner Rückkehr Hochzeit gefeiert werden würde.

Kaum war der Isländer aus den Augen, kam Luitpold zum Harzkönig geritten und hielt forsch und frei um Amalas Hand an:

„Vereint wollen wir uns gegen den Fremdling erwehren!", endete er in seiner Rede. Der Harzkönig aber lachte nur spöttisch: „Auch du bist ein Fremder und wirst die Prinzessin nicht heiraten. Ich kann gegenüber dem Isländer ebenso wenig wortbrüchig werden, wie meine Tochter es vermag von meiner Bergseite zu der deinen zu springen!" – Betrübt ritt Luitpold von dannen, worauf Amala nun jeden Tag am Felsenrand stand und sehnsüchtig zur Burg ihres Luitpolds hinüber schaute.

An einem angenehmen Sommermorgen, an dem der Himmel in roter Glut erstrahlte und das Heidekraut zu ihr hinüberleuchtete, konnte sie nicht anders, als vom Herzeleid zu singen:

„Du mächtig Haus und doch zu klein, mich schirmend zu umfangen –
Wie wollt' ich ruhig und selig sein, könnt' ich zu dir gelangen!"

Donnernd rasselte drüben die Zugbrücke herab, Ritter Luitpold trat heraus und rief mit lauter Stimme, die im Tal ihr Echo fand:

„Ich hörte dich singen, du Liebchen mein,
komm, komm, du sollst willkommen sein!"

Da vergaß Amala ihren Vater und alle Gefahr und empfahl ihre Seele dem lieben Gott. Als sie einen Schritt vom äußersten Rand der Felsenkanzel nach vorne tat, da ward sie durch den Wind genommen, einem Riesensprunge gleich, und dem Liebsten direkt in die Arme geworfen.

Zwar kochte der Harzkönig zuerst vor Wut, als er von diesem fraglichen Wunder hörte, doch besann er sich, der Liebe zu seiner Tochter wegen. Freilich, konnte der Sinneswechsel auch darin begründet sein, dass von einem Boten des Isländers eine Botschaft ins Selketal getragen ward, der Isländer wäre im Kampfe gefallen und könne nunmehr keinerlei Ansprüche mehr an den großen König des Harzes geltend machen.

Aber sei es drum. Alles entscheidend ist, dass die Liebe siegte und Amala nach ihrer Hochzeit viele Prinzen und Prinzessinnen gebar. Ihre Enkel und Urenkel standen früher oft und stehen noch heute auf der Klippe, an der die Ahnfrau ihre Seele in Gottes große Hände gab und staunten über den besagten Sprung. An eben dieser Stelle, da Amala zum Himmel bat, hatten sie ihre Füße tief in den Stein gegraben. So kannst Du noch heute sehen, welch tiefe Spuren wahre Liebe auf ewig hinterlässt!

(aufgeschrieben nach Förstner)

Der rettende Sprung

16. Im Selketal unterhalb des Berges namens Schalkenburg, wohnte vor langer Zeit in einem bescheidenen Häuschen ein alter Jägersmann mit seiner jugendfrischen, blühenden Tochter. Ein Mönch aus dem nahen Kloster Hagenrode liebte dieses Mädchen mit kaum zu zügelnder Leidenschaft. Wie eine Heilige verehrte er sie, stellte ihr nach, wo und wie er nur konnte, auch wenn er ihr mit scheuer Ehrfurcht nie zu nahekam. Sie aber wich ihm aus, wenn sie ihn erblickte und suchte das Weite.

Eines Tages wütete über der Hütte des Mädchens ein arges Unwetter. Der Sturm brauste, rauschend schoss der Fluss im Tal an ihrer Hütte vorbei und quoll, alles Land in Besitz nehmend, aus seinem Bachbett. Donnerschläge krachten und hallten im dunklen Tal gleich mehrfach nach – ein ungeheuerliches Getöse. Da stieg Angst im Herzen des Mädchens auf, war doch ihr lieber Vater morgens zum Holzhauen aufgebrochen und noch immer nicht zurückgekehrt. Voller Unruhe ging sie hin und her, murmelte Gebete, als es heftig an die Tür pochte. Wie sie öffnete, stand ein völlig durchnässter junger Wandersmann vor ihrer Tür und bat um Quartier, solange das Gewitter wüten würde. Das gewährte sie ihm gerne, hatte er doch sanfte Augen und war herzlich froh, nicht mehr alleine zu sein. Auf die Fragen, wer er sei und woher er käme, gab er lächelnd zur Antwort: „Vom Falkenstein komme ich und verdiente mich dort als Sänger!", und fragte zurück, ob er ihr zum Dank ein Ständchen bringen dürfe. Er hätte ein Lied komponiert für die hochehrwürdige Äbtissin zu Gernrode.

„Ich weiß nicht zu sagen, ob es ihr Gefallen findet!", sagte er, spielte die Klampfe und sang „von der Schönheit dieser Welt, wenn der Frühling sie begrüßt, wenn der warme Regen fällt und die Blumenknospe küsst."

Der Jüngling wusste so schön zu singen, so lebhaft von der Festlichkeit auf dem Falkenstein zu erzählen, dass das Mädchen Zeit und Raum vergaß und sich mit leuchtenden Augen und eifrig pochendem Herzen, auf den Schoß des Sängers zu träumen begann. Auch der Jüngling, der in dem schmachtenden Blick des Mädchens versank, nahm nicht war, dass durchs Fenster eine dunkle Gestalt in die Stube sah und vor Eifersucht bebte. Der Mönch war's, der die sich zuspitzenden Zärtlichkeiten eine Zeit lang beobachtet hatte, Gott um Frieden im Herzen anbettelte, doch nur das höhnische Lachen des Teufels hörte: „Siehst, wie das Weib hier die Keusche spielt, doch nur genommen werden will? Soll sie ein anderer kriegen? Nein, nimm du sie dir als Erster!"

Rasend vor Wut und Wollust, trat der Mönch die Türe zur Hütte ein, warf sich auf den Jüngling und klammerte seine Hände so fest um dessen Hals, dass der röchelnd erstickte. Vor Schrecke erblasst, sprang das Mädchen auf und sah gelähmt mit an, wie der Mönch, der eben aus der blitzenden Hölle in ihr Heim eindrang, nun ihren Sänger würgte. Als dessen Körper zu zappeln abließ, warf er ihn zu Boden und fixierte nun sie mit glühenden Augen. Ein einziger Impuls ward da in ihr wach: Laufen! Sie jagte aus dem Haus, kletterte den Hang hinauf, floh ohne auf Weg und Steg zu achten. Der Mörder aber sprang ihr nach, immer schneller, immer höher, doch bald schon hatte der Verfolger sie eingeholt. Von dieser Klippe gab es kein zurück. So faltete sie kurz ihre Hände und bat zu Gott, dass er sie nur schnell sterben lassen, sie nur bitte nicht dem Mönch in die Hände fallen möge. Da empfahl sie Gott ihre Seele, sprang in die Tiefe, wo ihr Körper zerschmetternd liegen blieb.

Der Mörder sah ihr voller Grauen nach und ein Schreckensschrei entfuhr seinem Munde, worauf ein schrilles Lachen folgte. Der Wahnsinn hatte ihn ganz offenbar in seinen Klauen.

Zitternd schleppte er sich an die Stelle an dem das heißgeliebte Mädchen zuletzt stand. Tausendfach küsste er den Stein, kratzte mit seinen Fingern das Moos von dem Flecken, hieb mit Steinen wie wild drauf herum, suchte mit blutigen Händen eine ewige Spur zu erschaffen. So entstand die Mägdetrappe. Bis zu seinem Tode hielt der irre Mönch hier Wacht.

(aufgeschrieben nach Siebert & Siebert)

Die Nix am Untrüborn

17. War es einst oder gerade erst gestern, da eine Tochter aus hohem Ritterhause einen einfachen Jäger von ganzem Herzen liebte und diesem die ewige Treue schwor. Da der Jäger aber in ihres Vaters Diensten stand und eben nicht ein ebenbürtiger Gefährte war und sie auch wegen ihm eine große Zahl ritterlicher Bewerber abgelehnt und gegen ihr Haus aufgebracht hatte, war ihr der Bund mit ihm verwehrt worden. Ja, schlimmer noch, wollten beide zusammenleben, mussten sie fliehen, denn hätte ihr Vater Wind von dem geheimen Spiel bekommen, hätte es im Harz so furchtbar gestürmt, der ganze Rambergwald würde entwurzelt werden.

Der Jäger des Mädchens war aber jung und keck genug, sich die Herzenstreue seines Mädchens zu sichern und in ihrem Herzen die Idee zu wecken, gemeinsam fortzulaufen. Ganz egal wohin, nur weg!

Die Flucht war umso dringlicher, als ihr Vater zur baldigen Hochzeit mit dem Grafen der Heinrichsburg drängte, ein übler aber wohlhabender Geselle, wie man überall im Harzgau hörte. Als seine Tochter von den Plänen hörte, packte sie heimlich ihre Siebensachen und floh mit dem Liebsten in den finsteren und dichten Wald. Bald kamen sie an eine große Lichtung in deren Mitte eine uralte Linde stand, die nur zu rufen schien: „Mir seid ihr lieb und recht!"

Die volle Mondin strahlte liebreizend auf das Paar hinunter und eben ihr schworen sie den einen hohen Schwur, banden sich die Hände, verschmolzen ihre Lippen … und sicher wären auch ihre Körper ewiglich verschmolzen, hätten sie nicht in eben jenem Moment entferntes Jagdgebell aus der Richtung ihrer väterlichen Burg gehört. Die Meute war ihnen also bereits auf der Spur.

Sie liefen! Lange waren sie unterwegs gewesen, hatten auch bereits zig Kilometer, Täler und Berge hinter sich gebracht, als die Schöne vollkommen entkräftet zu Boden sank. „Liebste, wie ist dir?", fragte der Jäger entsetzt, worauf sie ihn mit blassem Angesicht nach Wasser anflehte. Schnell bettete er sie auf dem schattigen Moos und suchte nach einem erfrischenden Quell, den er auch bald finden sollte.

Hörte er in der Nähe nicht ein Bächlein murmeln, einen Born gurgeln? Seltsam, fast lockte es ihn, wie ein zärtlicher Gesang. Immer tiefer zog ihn der Ruf in den Wald hinein, wo er schließlich eine silberhelle Quelle fand. Aber was war das?

An dessen Rand saß ein Weib. Ihr praller, schneeweißer Leib war nur von ihrem langen, blonden Haar bekleidet. Lüstern sah diese Erscheinung den in solchen Dingen unerfahrenen Jüngling an und verblendete sein Herz. Wollte er eben noch für seine harrende Liebste Wasser schöpfen, konnte er nun seinen Blick nicht von ihren Rundungen lassen.

Es war eine Nixe, ein betörendes Wasserwesen, halb Mensch, halb Geist und nicht unbedingt das Beste von Beiden. Sie zog ihn am Quell zu sich heran, herzte und küsste ihn und half ihm, die Kleider vom Körper zu streifen. So vergaß er Ort und Stunde und fühlte sich im siebten Himmel und wollte vergehen, könne er nur auf ewig diesen Busen liebkosen

In der Zwischenzeit hatte sich aber seine Liebste von der Erschöpfung erholt. Schlimme Gedanken quälten sie: Ihr Jäger gefangen, gequält! In ihrer Not und Sorge, schleppte sie sich weiter, folgte ihrem Herzen und langte tatsächlich am selben Borne an. Als sie aber sah, was dort unter Herzen und Kosen geschah, stürzte sie aus allen Wolken. Es war wie ein Blitz, der ihr liebendes Herz zerschmetterte, doch nur kurz schrie sie auf und fiel dann entseelt zu Boden. Das gab dem Jäger alle Besinnung zurück. Mit Entsetzen riss er sich von der Nixe los, lief zu seiner Braut, sah sie tot zu seinen Füßen liegen und bedauerte, was geschehen war. Fest umschlungen hielt er ihren leblosen Leib und zitterte am ganzen Körper.

Die Heimat hatte sie verlassen, ihr Haus, den Vater und ihre glanzvolle Zukunft, für ihn … den Treulosen. Nun war sie aus dem Leben gegangen, weil ihr Herz diesem Schlag in einem Augenblick matten Seins nichts entgegenzusetzen vermochte. All ihr Mut und Hoffenssinn war mit einem Atemzug vergangen.

Im gleichen Augenblick schlug die Nix am Born ein spottgekränktes Lachen an und tauchte im silbernen Wasser ab. Das letzte was der Jäger sah, war ihr gehässig, funkelnder Blick, der ihn solange nicht aus den Augen ließ, bis sie ganz und gar untergetaucht war. Betrübt zog er nun sein Schwert und stieß es sich tief in die vor Schmerz zerspringende Brust. Der Waldquell war noch lange Zeit rot von seinem Herzensblut und hieß seitdem der „Untrüborn", der untreue Brunnen. Das Dorf, das später zur Zeit Friedrichs des Großen hier entstand, nannte man bei der Gründung Friedrichsbrunn. *(aufgeschrieben nach Trautner)*

Die Nonne

18. Einst lebte im Selketal eine wunderschöne Jungfrau, der an Reinheit und Tugend kein Mädchen gleichkam. Ein Graf vom Falkenstein sah die Holde bei der schweren Arbeit auf dem Felde, fragte sie höflich wer sie denn sei, ob das Tagwerk nicht zu hart wäre und ob sie nicht stattdessen für ihn auf seiner Burg schaffen wolle. Und ebenso freundlich verneinte sie. Es würde sich nicht schicken, als ledige Weibsperson allein auf seiner Burg zu wohnen, zudem müsse sie ja ihrem Vater bei seinen Pflichten unter die Arme greifen.

Da ward der Graf zornig, sagte, er würde sie ohnehin bekommen und wenn sie ihm nicht freien Willens gefällig wäre, müsste er es sie halt lehren. Zornig drückte er seinem Ross die Sporen in die Seite, worauf es auf die Hinterbeine stieg und dann, schnell wie der Blitz, von dannen hetzte. Noch zur selben Stunde, beriet sich das Mädchen mit ihrem Väterchen, worauf beide beschlossen, dass sie sich noch zur selben Nacht nach Gernrode ins Kloster begeben sollte. Wie sie sich aber mit ihren wenigen Habseligkeiten auf den Weg machen wollte, platzten die Häscher des Grafen zur Tür herein, schleiften die Holde an den Haaren aus dem Haus und warfen sie zusammengeschnürt, wie einen leblosen Sack, auf ihren Karren. Bald saß sie im tiefen Turmverließ des Falkensteins und beweinte ihr Schicksal. „Hörst du Mädchen?", lachten die Wachen von oben, „Heut' Nacht ergötzt du den Herrn und bei unsrer morgigen Wacht, dienst du uns! Wirst unsere Prügel schon lieben lernen!"

Da hörte die Holde zu schluchzen auf, kniete nieder und bat mit aller Inbrunst zum lieben Gott. Wie aus heiterem Himmel stand sie plötzlich vor der Burg, in der sie gerade noch eingesperrt gewesen und vor ihr scharrte ein weißes Ross im Boden und blickte sie an und sie wusste, es bringt sie ins Kloster!

Das Mariechen von Gernrode

19. Vor vielen hundert Jahren oder war es eben erst gestern, da wohnte im Kloster zur St. Cyriakus in Gernrode eine Nonne, Henrike von Rederi genannt, die sich selbst die Liebste war. Keine andere konnte sie neben sich ertragen. Vor allem war dieser Henrike, eine Nonne Dorn im Auge: Die tugendhafte, junge Marie. „Unser Mariechen" ward sie von den Oberen genannt und war ein lebhaftes Ding, das selbst an schweißgetriebenen Tagen ein verspieltes Lächeln auf den Lippen trug. Wenn Mariechen sang, verstummte selbst der Wind, weil er nur ihr lauschen wollte, die Blümelein wandten ihr die Köpfe zu und auch die Vögel schwiegen und setzten sich verträumt zu ihren Füßen. Bald war die Jungfrau, die gerade erst siebzehn Sommer gesehen hatte, die Vorsängerin des Stifts und dazu berufen worden, am Ostermorgen das Heilige Grab zu öffnen und die Kerze des „auferstandenen Herrn" von der Dunkelheit ans Licht zu bringen. Diese Kerze war es, die alle anderen tausend Kerzen im schönsten aller Gotteshäuser entzündete. Das Tragen des Lichts war eine Ehre, das empfand auch Marie und das neidete ihr Henrike.

So fasste die von Rederi einen tückischen Plan, stahl das handgeschriebene Buch der Krauterin und versteckte es unter Mariechens Kissen. „Eine Diebin in unseren Reihen!", schrie die von Rederi, worauf die Jungfrau Rede und Antwort stehen musste. Henrike beteuerte, alles gesehen zu haben und so kam es, dass niemand dem Mariechen Glauben schenkte. Sie sollte das Kloster verlassen. Da musste ein Ersatz für's Ostersingen gefunden werden und freilich bot sich die von Rederi in den höchsten Tönen an, „… für meinen Herrn und euch, meine lieben Schwestern, zu singen und die Kerze zur Ehre des Stifts aus dem Heiligen Grab zu tragen." So geschah es dann auch.

Aber höre und staune mit mir: Ein jedes Mal, wenn die von Rederi mit der Kerze aus der Dunkelheit des Heiligen Grabes ins Licht zu treten versuchte, kam aus dem Nichts ein Wind auf - und darin spürte sie Gottes Atem auf der Haut - der die Kerze einfach ausblies. Dreimal versuchte sie es noch, hineinzugehen, die Kerze zu entzünden, doch jedes Mal an der Schwelle zum Licht, kam der Wind. Solchen Frevel duldet Gott nicht. Henrike tobte und schrie und schimpfte dergestalt auf den Herrn, dass die wohlfeinen Münder der Nonnen brüskiert zu Boden klappten, bis das Mariechen zu singen begann. Ja, die junge Nonne hatte sich klammheimlich von hinten ins Kirchenschiff geschlichen. Ihr Herz hätte alles ertragen, nur nicht, die Ostermesse ihres Herrn zu verpassen.

Und als Mariechen sang, da ging die Kerze von alleine wieder an! Um uns an diese Geschichte noch heute zu erinnern, ist rechts am Eingang des Heiligen Grabes eine Nonne abgebildet, die auf einem Podest steht. Sie will größer scheinen, als sie ist. Doch Gott erkennt unsere wahre Größe durch einen Blick in unsere Herzen. (Eine andere Deutung des Podests ist jene, dass der Herr uns erhebt, wenn wir's durch unsere Taten verdienen!)

(nach einer Touristenführerin der Stiftskirche, die ungenannt bleiben möchte)

20. Damals lebte in Gernrode ein Bauer, Gero Hirsch mit Namen. Er hatte nicht viel, aber auch nicht wenig und gab gerne, so viel er konnte. Aber mit diesem Bauern war's nicht richtig, denn er gab auch, wenn er kaum mehr was zum Geben hatte. Ja, es war allgemein bekannt, dass ein „Nein" nie über seine Lippen kam, er eben aus irgendeinem Grunde mit diesem „Sprachfehler" oder zu viel Güte im Herzen geboren wurde.

So forderte die Äbtissin des Stifts nicht nur den Zehnten von ihm, sondern nahm ungefragt das Doppelte. Der Gemeinderat lieh sich zwei seiner Kühe, vergaß aber, sie zurückzugeben und der Bauer, getraute sich nicht, sie einzufordern. Eines schönen Tages hielt eine Kutsche neben seinem Hof, der Stiftshauptmann Quedlinburgs winkte ihn heran, befahl Trinkwasser herbeizuschaffen, denn es quälte ihn gewaltiger Durst. Prompt kam Elisabeth, das schöne angetraute Weib des Bauern Hirsch, mit einem Krug besten Quellwassers und gab dem Edelgeborenen zu trinken.

Der Stiftshauptmann aber, kaum hatte er ins Antlitz der Frau gesehen, vergaß seinen Durst und befahl dem Bauern, dass sich dessen Weib umgehend in den Dienst als seine Kammerfrau zu stellen habe. Unfähig dem hohen Befehl etwas entgegenzusetzen, musste Hirsch mit ansehen, wie seine Frau auf der Kutsche des Stiftshauptmanns gen Quedlinburg fuhr. Was sollte er auch tun? Das Dienen war schließlich seine Pflicht, oder nicht? Unfähig etwas gegen das Unrecht zu tun und unfähig zu weinen, arbeitete er für vier, aber nur drei Monde lang, dann schmerzten seine Gelenke und schwollen aufs Doppelte ihrer alten Größe an.

Bald darauf, konnte er sich kaum mehr ohne Schmerzen wenden und seine Hände, die ansonsten das schwere Schaffen gewohnt waren, vermochten nun nichts mehr zu greifen. Fest waren sie zu Fäusten verkrampft. Nur eine Kräutermuhme wusste Rat: „Starre zieht in die Gelenke ein? Da kann er lang' auf Linderung warten. Bauer, er hat das Zipperlein, doch Heilung wächst in seinem Garten!" Sie empfahl zu schauen, welche Kräuter in den letzten drei Monden verstärkt seine Beete füllten. „Hirsch versteh', dass es sich so verhält, dass bei ihm wächst, was er im Glück und Leid bestellt!" – Tatsächlich, ein genauer Blick in den Garten ließ ihn wach werden: Hier wuchs tatsächlich ein neues Kraut und zwar in allen Ecken. Er aß die frischen Blätter, trank Tee aus den getrockneten und ließ sich aus zerquetschten Pflanzensud, Wickel auf alle schmerzenden Glieder legen. Nach drei Tagen – dem Gott im Himmel sei gedankt – war der Schmerz vergessen und er fühlte sich so frisch und kräftig wie nie zuvor. – Am gleichen Tag besuchte er den Stiftshauptmann zu Quedlinburg und forderte sein Weib zurück. „Die Frau bleibt!", sagte der Edelmann und jetzt geschah das Unfassbare. Gero Hirsch sagte entschieden „Nein!" und es kam ihm ganz leicht von den Lippen und fügte hinzu: „An ihrer statt möchte ich ihnen dienen." Auch die Kühe bekam er mit dem Zins zweier Kälber zurück, verkaufte seinen Hof in Gernrode und zog nach Quedlinburg, wo die Hirsch's noch immer wohnen.

Natürlich hat sich das Wunder der schnellen Heilung des zuvor totkranken Gero Hirsch rasch herumgesprochen. Und weil die Harzer zu viel zu tun haben, um jede Silbe langsam auszusprechen (andere sagen schlicht, sie nuscheln), ward bald die Geschichte vom „Gerhiersch" und schließlich vom „Giersch" in allen deutschen Landen bekannt. Der „Giersch" ist ein schmackhaftes Heilkraut gegen Rheuma und Gicht, weiß man heute. Aber schon bei den Römern war Giersch als Gemüse (Spinatersatz) und als Heilpflanze beliebt. In Klöstern wurde er sogar angebaut, doch damit sei vorsichtig: Wächst er einmal in Deinem Garten wirst Du ihn nie wieder los. Es gibt nur eine einzige Möglichkeit sich wieder vom Giersch zu trennen: Umziehen!

(dem Volke abgelauscht)

59

Graf Viktor und der Schweinehirt

21. Vor vielen hundert Jahren beschloss Gott, sich einen rechten Spaß mit zwei Menschen zu machen und brachte den schicksalshaften Weg der beiden völlig Verschiedenen auf Kollisionskurs. Der eine Mann war reich und ein strammer Recke, wohnte auf der Heinrichsburg und ward als Graf Viktor bekannt. Der andere war bitterarm, schielte (was man nur sah, wenn man ihn von rechts erblickte), hatte einen kleinen Buckel und das eine Bein war kürzer als das andere, was ihn dennoch nicht davon abhielt, sich wie kein Zweiter beim Tanzen zu drehen. Dieser Mann hieß Philipp und war ein unbedeutender Schweinehirt.

Phillips Liebste hieß Liese, welche die Milchschwester des Edelfräuleins war, die Graf Viktor zu ehelichen gedachte. Weil aber die Eltern des Edelfräuleins nichts vom Werben des wankelmütigen und lebenslustigen Grafen wissen wollten, trug nun die Liese heimlich Liebesbriefe hin und her und übte sich im Stillschweigen, bekam sie doch für jede im Geheimen überbrachte Botschaft einen Mariengroschen als Schweigegeld. Alles Geld wurde fleißig gespart, denn Philipp hatte beschlossen, sie (die nicht mehr besaß als ein bedrucktes Kleid, einen Kattunmantel und ein Bett) erst zu heiraten, wären 20 Taler zusammengekommen. Philipp wurde mit der Zeit aber misstrauisch und fragte sie derweilen, was sein Mädchen denn mit dem Grafen so oft zu bereden hätte. Doch Liese gab keine Antwort, was eine stechende Eifersucht in seinem Herzen keimen ließ, als wäre es junges Nesselkraut im Frühling. „Nun gut," überlegte er, „der Graf soll mir selbst Rede und Antwort stehen!"

Eines Tages lauerte er dem Grafen Viktor im Walde bei Friedrichsbrunn auf, sprang vor dessen Pferd aus dem Gebüsch, so dass es sich erschrak und seinen Reiter beinahe abgeworfen hätte. Wütend fuchtelte er mit seinem Hirtenstock vorm Grafen herum, drohte mit Prügel, würde man seiner Liebsten weiterhin nachstellen. Der Graf lachte von Herzen bei den wirren Worten dieser wüsten Erscheinung, doch als der Hirt das Pferd immer scheuer machte und einfach nicht aus dem Weg wollte, wurde auch Viktor wütend. Er gab seinem Hengst die Sporen und überritt Philipp einfach im Galopp! Der schrie auf, sank blutig getreten zu Boden, worauf seine Glieder nur noch kurz zuckten. Dann ward es still um ihn, was der Reiter nicht mehr bemerkte.

Auf der Heinrichsburg angekommen, überkam den Grafen doch ein unsagbares Mitgefühl, was ihn bewog seinen Knecht loszuschicken, zu schauen, wie es dem Armen wohl ergangen sei. Dieser Knecht aber war ein Schalk vorm Herrn. Wohl sah er, wie sich Philipp mühsam aufgerappelt hatte und blutüberströmt den Weg ins Tal hinunter humpelte. Dem Grafen hingegen erzählte er, der Schweinehirt sei tot und er hätte ihn eigenhändig begraben.

Nun ergab sich der Graf schweren Selbstvorwürfen. „Ach, wäre es wenigstens ein fairer Kampf gewesen. Einen Ritter in Waffen zu töten, … ja, … aber einen Schweinehirten niederzureiten ist wenig ritterlich und ehrenvoll!" Seinem Edelfräulein schrieb er einen Abschiedsbrief: „Liebste, ich bin es nicht wert, dein Gemahl zu sein!" und zog in die Waldeinsamkeit des Harzes zurück.

Wie der Graf heimatlos einige Tage durch den Harz geritten war und er durch Zufall an die Stelle des feigen Mordes kam, glaubte er seinen Augen nicht zu trauen. Vielmehr überkam den Grafen das blanke Grauen, als er vor sich den Schweinehirten sah. Der Geist des Mannes musste aus dem Grab gestiegen sein und nun leibhaftig, ruhelos seine Rotte führen. Der böse Geist stand dort auf der Lichtung und drohte dem Grafen mit den Fäusten. „Ich bin verflucht, weh mir.", wehklagte der Heinrichsburger, „Ich muss sicher Buße tun, der Liebsten des Hirtens Sühne leisten. Vielleicht rettet das meine Seele?"

Gesagt getan. Liese fand am anderen Morgen auf dem Fensterbrett 20 Taler liegen und konnte ihr Glück kaum fassen. Beschwingt rannte sie zu Philipp um vom Wunder zu berichten, welches ihr Hochzeitsfest nun endlich möglich machte. Philipp aber war im Gesicht noch immer reichlich verbeult, schlecht gelaunt und gequält von seiner Eifersucht und meinte: „Danke, nein. Für ein Leben bin ich genug gescholten!" Doch was wäre Liese für ein Weib, wüsste sie einen Mann nicht, mit ihrem süßen Mund zu überzeugen!

So ward die Hochzeit geplant und auch die Milchschwester Lieses, das Edelfräulein, eingeladen. Noch immer bekümmerte die, dass ihr Viktor, der sonst so lebensfrohe Mann, sich plötzlich der Welt versagte. Sie fand ihn endlich an seinem Lieblingsplatz sitzen, stellte ihn zur Rede und nach einigem Zögern, gestand der sein Verbrechen: „Ja, ich geb' ja alles zu. Habe den Schweinehirten feige ermordet, wofür der Geist mich nun verfolgt. Gerecht ist's, dass ich Buße tue!"

Da zählte das Edelfräulein eins und eins zusammen, lächelte plötzlich, nein, ein unbeugsamer Lachanfall platzte aus ihr heraus, wofür der Graf sie verständnislos und tadelnd ansah! Sie aber nahm ihn an ihre dicke Brust, zog ihn dann auf die Beine und an der Hand zu einem Haus in dem es, den freudvollen Rufen nach, wild zuging. „Sieh durch das Fenster, mein Liebster!", sagte sie, „Dann weißt du, weshalb ich trotz deiner derben Tat Frohsinn im Herzen trage!" Und wie er dem nachkam, erblickte er den vermeintlich Ermordeten beim Tanzen, Singen und Küssen, erkannte seinen Fehler und lachte nun aus ganzem Herzen mit. Da fiel alle Schwere vom Grafen ab und bald schon stand auch eine Hochzeit auf der Heinrichsburg an, zu der zwei Ehrengäste geladen waren: Der Schweinehirt Philipp und seine Liese. Ob Victor und Philipp Freunde wurden, weiß ich nicht zu sagen. Wohl aber ist Gott zu loben, für derart findige Zufälle!

(aufgeschrieben nach Korf und Förstner)

22. Nachdem Fürst Otto II. die Grafen von Stolberg 1307 mit der Heinrichsburg belieh, verkam die Feste von Jahr zu Jahr mehr zu einer Räuberburg. Gemeinsam mit den Raubrittern der Erichsburg, fielen die hier ansässigen Schergen über die vorbeiziehenden Kaufleute her und wüteten so arg, dass die umliegenden Städte sich mit den Grafen von Hohnstein verbündeten, den Räuberhorden ein für alle Mal den Garaus zu machen und jeden Einzelnen dieser Halunken an die Bäume zu knüpfen. So geschah es dann auch im Jahre 1344 unseres Herrn. Beide Festen brannten gestürmt bis auf die Grundmauern nieder.

Wer den Ausbruch aus der Flammenhölle wagte, ward umgehend mit Armbrustpfeilen durchlöchert, vom Spieß erlegt, vom Schwert um den Kopf erleichtert oder als Zierrat an den Baum gehängt. Kurzum: Kein Räuber überlebte. Das Beutegut aber, blieb verschollen. Bis zu heutigen Tage heißt es, dass ein gewaltiger Schatz unter den Trümmern der Heinrichsburg verborgen liegen müsse. Schatzsuche aber sollten sich hüten, denn in den Tiefen des Berges hausen wilde Zwerge.

Der Zwergenkönig höchstselbst sei es, der mit seinen zwölf Brüdern die Schätze bewacht und sie zu mehren sucht. Doch will er kein Gold und keine Juwelen, davon seien die Kammern bereits bis zum Bersten gefüllt. Junge Mädchen hätten es ihm angetan. Von der offenen Heer- oder Landstraße, würde dann und wann eine Kiepenfrau einfach verschwinden.

Einmal, in einem eiskalten Winter, war die Tochter eines Holzhauers in den Wald gegangen, Kleinholz zu lesen und sei nimmer wiedergekehrt. In Gernrode meinte man bereits, sie sei von Wölfen gerissen worden, bis man die Abdrücke ihrer Schühchen im frischen Schnee aufspürte. An den Ruinen der Heinrichsburg fand man dann zwar auch ihr Tragkörbchen, das voller silberner Zweiglein lag, doch von dem Mädchen selbst, fand man keine weitere Spur. Der Zwergenkönig hatte sie sicher in seinen Harem geholt.

Wie die Erichsburg fiel

23. Auch die Erichsburg war wie gesagt, voll von tollem Volk, das hier hauste. Gemeinschaftlich zogen sie mit den Heinrichsburgern zu Raubzügen aus und mancher Kaufmannswagen mitsamt aller Reisenden verschwand, kam er der Burg zu nah. Die Grafen von Hohnstein – ein edles Geschlecht, welches sich dem ehrbaren, ritterlichen Kampf und dem Schutz der Bedrängten verpflichtet hatte – ermahnten wiederholt die Erichsburger. Man solle friedliche Leute ungeschoren lassen, der Lehenspflicht gegen die Hohnsteiner genügen und nicht dergestalt weiterleben, dass es zum Schimpf für Adel und Menschlichkeit wäre. Doch die Erichsburger hängten den Kurier, verbrannten den Mahnbrief, lachten am lodernden Feuer und trieben es nur umso toller. Weder zahlten sie, was sie den Hohnsteinern schuldeten, noch ließen sie von ihren Raubzügen ab.

Zu eben jener Zeit reiste Graf Arno von Hohnstein zu seiner Hochzeit. Reiche Geschenke und kostbare Gewandungen für den eigenen Bedarf führte er mit sich, ohne überhaupt Gedanken an einen Verrat zu hegen. Doch lauerte die Gier überall auf Erden und wo zwölf Menschen zusammen sind, ist auch ein Judas darunter. Die Raubritter der Erichsburg bekamen Kunde von der reichen Ausrüstung des Hochzeitszuges, legten sich in einen Hinterhalt und stoppten die Kutsche. „Wer wagt es, sich einem Hohnsteiner in den Weg zu stellen?", begehrte der Graf zu wissen, als ihm just ein Pfeil in die Brust schwirrte. „Wer wagt es, einen Erichsburger zu mahnen und zu bannen?", bekam der Edle seine Antwort vom Anführer des Räuberhaufens. Arno, der gutherzige Lehensherr, fiel nach Luft schnappend aus der Kutsche. Da ergriff ihn das Pack, beraubte und erschlug ihn auf offener Straße. Auch seine Fuhr- und Gefolgsleute verschonte man nicht und doch verbreitete sich die Kunde schneller als der Wind durch die engen Täler des Harzes und nun, endlich, war das Maß endgültig voll: Im Jahre 1344 zogen die Hohnsteiner mit einem großen Heerwurm heran, überfielen zuerst die Heinrichsburg mit Kanonenbrüllen, mit Feuer und Schwert und machten sich anschließend kampfgezeichnet und blutgierig zur Erichsburg auf. Solcher Raserei war keine Mauer gewachsen. Fast kampflos nahm man die Feste, steckte sie in Brand gesteckt und ließ kein Stein auf dem anderen. Die Raubritter und ihre Knappen, die knüpfte man einen nach dem anderen an die Bäume. Noch lange hingen sie dort und dienten den Raben zum Fraß. – Was aber half das der Braut, was dem erschlagenen Grafen? Wenn die Dämmerung naht, mag noch heute niemand gern jenen Weg entlang gehen, der unweit der Erichsburg vorüberführt. Nachts hört man dort bange Seufzer und Flüstern in den Buchenzweigen, als ob sich die Geister berieten. Dann raschelt und stampft und wütet es im Unterholz, als würde Einer erschlagen. Im Vollmond zur Mitternachtsstunden, wollen schon manche Gernröder, oben zwischen den Mauerresten der alten Feste, die Schatten umherwandelnder Ritter gesehen haben.

Auch erzählt man sich noch heute, dass wenn einer ein Münzsäcklein unterhalb der Ruinen zum Klingen bringe, dieser Törichte von den ruhelosen Geistern der Räuber gestellt, tief in die schwarzen Sümpfe herabgezogen und niemals wiedergesehen werden würde. *(aufgeschrieben nach Siebert & Förstner)*

Wer ein Bannspruch bannt

24. Es war 1299, als der Abt von Ballenstedt ein Schreiben überreicht bekam, in dem sich eine Botschaft auf Pergament, direkt vom Papst Alexander VI. persönlich, befand:

„Die Äbtissin Irmingard II. von Gernrode ist zu bannen, die alte Pute, da diese sich Hochwohlgeboren-fühlende Schandperson mitsamt ihrem geistlosen Kapitel, die fromme Jutta von Orden als Pröbstin von Gernrode nicht anzuerkennen gedenkt!" Mit zittriger Stimme las der Abt von Ballenstedt diese Worte. Ihm ward schwindelig geworden.

Freilich hatte er als verordneter Richter des apostolischen Stuhls dieses Gesuch des Vertreter Gottes auf Erden umzusetzen. Doch beim Gedanken, sich gegen Irmingard aufzulehnen, schwante ihm Übles! Irmingard war nicht nur die Kirchenfürstin zu Gernrode und ein reiches Biest, welches ihren Unterrock in manchem Grafenbett vergaß. Nein, sie war zudem als Hexe gefürchtet!

Es kam, wie es kommen musste: Auf den Bann reagierte sie zwar nach außen schlichtend und scheinbar Frieden suchend, doch häuften sich seit diesem Moment im Ballenstedter Kloster seltsame Vorkommnisse. Am Ende meinten der Abt und die Mönche, sie wären verhext oder verflucht worden, denn von überallher stürmten die Katastrophen auf die frommen Männer ein:

Die Quedlinburger lehnten sich auf und zahlten ihre jährlich zu entrichtenden Abgaben nicht; die nächsten Jahre musste viel Gut wegen kargen, kalten Sommern verpfändet werden und anschließend ergriffen adlige Strauchdiebe nach der Macht, vertrieben die Mönche und hausten wüst im Kloster. Herrje, was machten sie dem Umland viel Schaden.

Selbst als Fürst Georg II. um 1485 das Kloster wiederherstellte, es neu mit Gütern begabte, kam kein währendes, neues Glück ins alte Gemäuer:

„Am 28. Mai 1525, als unser Land bereits verwüstet lag, alle Felder zertreten waren, erstieg nun eine unselige Schar Bauern mit brennenden Leuchtern das Dachgebälk der Kirchtürme. Sie warfen jubelnd die Glocken hernieder, zerrissen die Orgeln und jeder nahm eine Pfeife und spielte darauf ein saures Lied vom Tode. Von überallher pfiff und klang und sang es, als ob es Grund zum Feiern geben würde. Wie Wölfe, durchjohlte das Pack die Nacht. Was sie vom Bier nicht austranken, ließen sie in den Dreck laufen. Die Bücher warf man in den Brunnen, Fenster und Türen zerschlug man und wir Mönche? Wir rannten davon, wussten wir doch um den alten Fluch der Irmingard!

Nur einer blieb beim Kloster, ein Diener des Fürsten Wolfgangs. Der rief von einem der Türme: >Irmingard – altehrwürdige Äbtissin von Gernrode – Gott erlöse dich von deinem Bann und Gott helfe auch uns!< Und da geschah das Wunder: Plötzlich trollten sich die Bauern und ließen die Reste des Klosters verschont. Das Flehen des Mannes, löschte wohl die Glut ihrer Herzen, auf dass sie nicht mehr vermochten, unsere Gemäuer in Feuer zu legen."

Trotzdem der Bann nun gebrochen war, wollte niemand mehr an diesem altverwunschenen Fleck ein neues Kloster errichten. So stand das Anwesen lange leer, bis die Fürsten von Anhalt hier ihr prunkvolles Schloss errichteten.

(aufgeschrieben nach Peper)

Ballenstedter Schloss

Der Geist der St. Stephanus

25. Die einstigen Ottonen – ein stolzes Geschlecht, das einst sich ganz dem Dienst verschrieb, die Heiden zu bekehren, ihnen den Christengott nahezubringen und darum jenes Gotteshaus begründeten – hätten sich ruhelos im Grabe gewälzt, wüssten sie um den Frevel, der einst in dieser Kirche geschehen würde: 1633 im Jahre unseres Herrn war es, da das ganze Land von den Wirren des Dreißigjährigen Krieges erschüttert wurde. Ein Krieg von dem man sagte, es ginge in ihm einzig, um den rechten Glauben. Doch wie dienten die katholisch kaiserlichen Soldaten ihrem Gott in Gernrode? Sie zerschlugen die Tür und das Kirchengestühl der St. Stephanus und wollten eben ihre Hand ans heilige, silberne Altarkreuz legen, als der Pastor Johannes Graupner sich ihnen mutig in den Weg stellte. „Meine Herren gedenkt eurer Taten, der Herr im Himmel sieht alles, eure Frevel, eure Gaben …!" – „Dann geben wir ihm einen fetten Braten!", lachten die Soldaten, zerrten den Pastor auf den Altartisch und nahmen ihm droben das Leben. Da lief der rote Saft vom Altar auf den Boden und der Lauteste der Bande schrie: „Dies ist sein Leib, der für dich, Vater im Himmel, gegeben wird … und dies ist sein Blut, dass wir für dich, unser Allerwertester, ausgegossen haben!"

Höhnend zogen die Soldaten mit dem Altarsilber von dannen. Glück aber hat es den Schergen nicht gebracht. Der ermordete Graupner spukte nämlich fortan als Geist in der Kirche herum, fand das silberne Kreuz nicht mehr vor, jagte der Bande nach und suchte einen nach dem anderen heim. So sind sie ganz irre worden und nahmen sich am Ende selbst das Leben. Von ihnen hat keiner den Weg zu Gott gefunden. Das silberne Kreuz aber fand über einen glücklichen Zufall wieder in die Kirche zurück und da, fand auch des Pastors Geist seine verdiente, ewige Ruhe!

Harzschützen am Untrübom

26.
Der 30jährige Krieg war wirklich eine raue Zeit, denn auch die Soldateska der Schweden nahm sich, was sie wollte, gleich ob Vieh, Gut oder fromme Weiber. Wer sich dem verweigerte, ward gefoltert, gerädert, gehenkt oder geviertteilt. Schnell und friedlich sterben, war zu jener üblen Zeit den Wenigsten vergönnt.

Da die hiesigen, kaiserlichen Truppen, von denen sich die Harzbewohner Schutz erhofften, wie eben zu lesen auch keine Menschenfreunde waren, rotteten sich die Bauern des Unterharzes zur Rotte der Harzschützen zusammen: Wenn man schon sterben müsse, so oder so alles verliere, dann wolle man sich wenigstens Tag, Art und Weise selbst aussuchen. „Wir werden kämpfen, wir werden die Unsrigen rächen; wir werden's allen Feinden bitter vergelten!", schallten hundert Stimmen durch den Harz. - Fürwahr, die neugegründeten Harzschützen waren überaus erfolgreich. „Laut wie der Donner und hart zuschlagen, dann blitzschnell verschwinden", war ihre Devise. Unauffindbar waren sie für ihre Feinde, kannten sie doch die tiefen Klüfte und weiten Urwälder des Harzes besser als alle anderen. Und wenn ein Tross Schweden, die alte Poststraße oder die Steiger zu passieren versuchte, gellte die Hillebille durch die Nacht, rief die blutdürstigen Truppen zusammen und die Schweden und die Kaiserlichen zitterten am Leibe und beteten zu Gott, der aber sollte ihnen vorerst nicht helfen. Zu Hunderten ließen sie 1626 ihr Leben.

Nun war es so, dass die Harzschützen sich mit geheimen Klopfzeichen verständigten. Saß man in fremden Ortschaften in der Kneipe am Ausschank mit Fremden zusammen und klopfte mit der rechten zweimal kurz auf den Tisch, dann mit der Linken einmal, dann wieder mit der Rechten einmal und mit Pause ein zweites Mal.

Hörte man womöglich aus einer anderen Ecke das verabredete Erkennungszeichen? Blieb man mit dem Klopfen nicht alleine, wusste man, man war unter Gleichgesinnten!

Einer der Klopfenden aber, ein wendischer Ochsenknecht sagt man, ward in Harsleben 1627 gefasst, hochnotpeinlich befragt (also unter Folter verhört) und verriet endlich - im qualvollen Schmerze - den Termin der Hochzeit eines Kameraden. Einer der Führer der Harzschützen feierte mit Gleichgesinnten in Benneckenstein und fühlte sich wohl allzu sicher, so dass niemand das Fest abzusichern gedachte. - Der Halberstädter Kommandant Becker schlich mit seiner Soldateska heran, umzingelte den Ort, auf dass Mann und Maus in der Falle saßen. Dann brannte er den Flecken bis auf den letzten Stein nieder. Jene Harzschützen, die lebend in seine Hände fielen, wurden nach Halberstadt getrieben und dort gerichtet: „Man ließ die Harzbauern gar erbärmlich rädern, spießen, mit glühenden Zangen, auch ihnen Riemen ausschneiden, andere aber köpfen und hängen!"

Der Ochsenknecht hatte aber, um seinen Kopf zu retten, auch um ein Säcklein Silber sein Eigen zu nennen, noch mehr verbrochen: Er schlich sich in das Lager der Harzschützen am Ramberg zurück, vergiftete dort den Brunnen an dem sich die Waldbewohner täglich labten. Am anderen Morgen lagen zweihundert Harzschützen – der ganze verbliebene Rest des Widerstandes – tot am Boden ihrer Hütten. Noch heute nennt man diesen Ort, an dem der schreckliche Meuchelmord geschah, den „Untrüborn", das heutige Friedrichsbrunn.

(aufgeschrieben nach Gotsche, Gramm & Hoffmann)

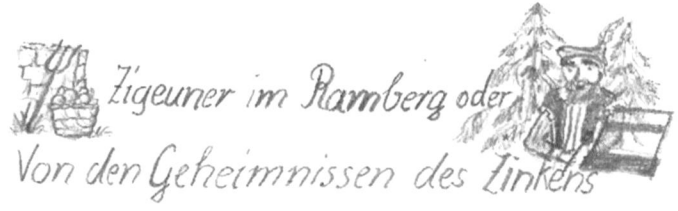

Zigeuner im Ramberg oder Von den Geheimnissen des Zinkens

27. Vor etwa 250 Jahren, zog ein Trupp Zigeuner mitten in der Nacht durch das Bergdorf Friedrichsbrunn. Zwei Mann Patrouille zogen dem Tross voran, auszukundschaften, ob Straße und Luft rein wären. Die Wagen lenkten alte, schmutzige Weiber. Aufgeputzte Kerle gingen, ihre Peitschen schwingend, nebenher und aus den gardinenbehangenen Fenstern der Karren, sahen die jungen Weiber und die Kinder. Neugierig blickten sie zu den kleinen Lehmhäusern, in denen schon seit Stunden jegliches Licht verloschen war.

Ein entlaufenes Entlein beobachte als einzige, auf der staubigen Straße stehend, den seltsamen Tross und auf ein dreifaches "Quak, quak, quak!", ward es von einem der Zigeuner gepackt und unterm Mantel verborgen. Nur das Geräusch der rollenden Räder und das gelegentliche Quietschen einer Wagentür verriet, dass überhaupt Bewegung in diesen stillen Ort gekommen war. Da schrie ein Käuzchen, dort war ein Rabenkrah zu hören und immer kurz darauf, entschwand hier und da ein an die Hauswand gelehntes Gartengerät, ein Wasserkübel und ein Korb mit Äpfeln gar.

An der gegenüberliegenden Seite der Straße lag ein reifes Haferfeld, das beste Futter für die hungrigen Tiere. Was würde wohl geschehen? Schon sah man, wie die Männer die Wagenseite wechselten, mucksmäuschenstill die Sensen von den Wagen nahmen und nah und immer näher ans Feld heran traten.

"Uhu, schuhu!", gellte plötzlich der Schrei des großen Nachtvogels zum Tross zurück, worauf die Männer sofort, die Sensen wieder an die Karren banden, sich der Tross beschleunigte und gleich links in den nächsten Waldweg einbog. Weshalb fragst Du Dich?

Nun, die Patrouille hatte den Förster bemerkt, der nahe einer Lichtung alles genau zu beobachten schien und drauf und dran war, mit seiner Hillebille den Ort zu alarmieren. Gut, für die Zigeuner, dass sie sich auf's Zinken verstanden und sich rasch ins Unterholz des Rambergs verzogen - denn in Quedlinburg wurden sie bereits von den Bütteln wegen Betrugs und Diebstahl gesucht.

Rotwelsch und Zinken

Noch heute ist das Zinken des "fahrenden Volkes" üblich. Zinken (wahrscheinlich vom lateinischen "signum" - Zeichen) ist eine Art geheime Verständigung, über Tierlaute oder über immer gleiche, für den Laien aber unverständliche Symbole, die an Hauswänden und Bäumen hinterlassen werden. So wissen die Nachkommenden, wo man stets was bekommt, wo es bereits gefährlich ist, wenn man nur klingelt und wo man unter Umständen einfach nur hartnäckig betteln muss. Die Zeichen verraten sogar, was es gibt: Geld, Quartier, Essen ... oder unverbindliche Liebe. Schau doch gleich einmal an Deine eigene Haustür, oder an die Deines Nachbarn!

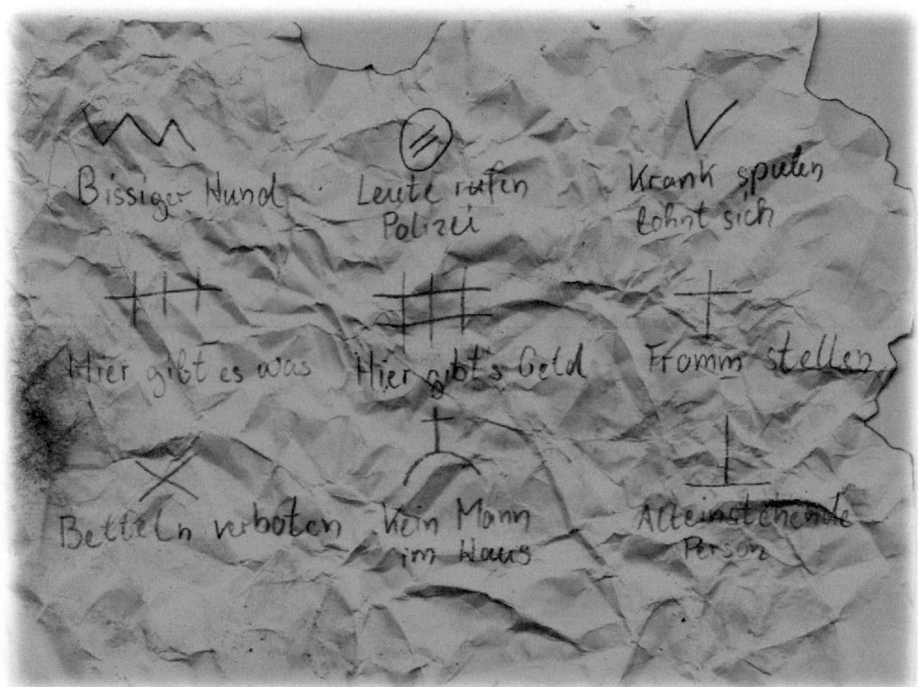

Der letzte Bär im Ramberg

28. In einer dunklen Winternacht des Jahres 1696 ward es plötzlich laut in den Gassen des Städtleins Gernrode: "Hilfe, zu Hilfe, ein Bär frisst uns die Pferde!"

Die Lichter wurden in den Häusern angezündet, der Stadtbüttel gerufen und die reichen, lärmenden Kaufleute zur Ruhe gemahnt. „Was schreien die Herren und wecken uns die ehrlichen Bürger?", fragte der Kantor die aufgebrachten Tuchhändler. „Ein Bär, ein Bär hat uns überfallen!", riefen die Fremden in blassem Angesicht. „Unsere Kutsche, die Pferde, die Ware - alles haben wir stehen und liegen lassen, die Beine in die Hand genommen und sind gerade eben mit unserem Leben davongekommen."

Erschrocken von dieser Rede, hielten sich die Gernröder die Hände vor die Münder bis einer forderte: „Sollen die Jäger Meister Petz doch endlich zur Strecke bringen. Es wagt sich ja schon niemand mehr zum Holzschlagen!" Die guten Bürger ereiferten sich nun aus vollem Halse und viele griffen zur Flinte.

So zogen zweihandvoll Jäger noch zur selben Stunde in den Forst. Kein Stern wollte sich zeigen und selbst der meist so mutige Mond, hielt sich versteckt. Bald war der Bär nahe seiner Höhle (dort wo 100 Jahre später der Bremer-Damm-Teich angelegt werden sollte) aufgespürt, umstellt und mit sieben Schuss im Pelz dem Gevatter Tod überantwortet. Heißa, war da der Jubel groß!

Doch als man nach der Kutsche und der Ware sehen wollte - welch ein Schrecken - war nichts von alledem mehr vorzufinden. „Da hat der Bär unser Tuch und unseren Kutschbock gefressen?", wunderten sich die Kaufleute.

„Haben die Herren den Bären mit eigenen Augen gesehen?", fragte der Kantor. „Nein, aber aus dem Busch, haben wir das Brummen und Schreien gehört!", antworteten die Händler. „Und sich nicht gewundert", hakte der Gernröder weiter nach, „weshalb der Bär nicht näherkam, und wie er es zustande brachte, einen Baum recht artig abzusägen und der Kutsche in den Weg zu werfen? Törichtes Stadtvolk! Doch betrogen sind wir alle - hätten einem Räuber anstatt dem Bären die Kugeln um die Ohren schießen sollen."

(dem Volke abgelauscht)

Bärentöter

29. Der "Bärentöter" - erzählt die Sage - war ein ganzer Kerl. Arme hatte der, wie andere Oberkörper (ohne dabei jemals eine einzige Hantel gestemmt zu haben).

Und obschon dieser Waldläufer nicht allzu gesprächig war, wollte ihn jedermann zum Freund haben. Wildschweine streunten wie Katzen um seine Beine und wehe ein wildes Tier des Harzes muckte auf.

Einmal ward er zu Hilfe gerufen wurden, weil sich ein toller Bär – fürwahr ein echtes Monstrum – in die Innenstadt Gernrode verlaufen hatte und dort die Bürger in Angst und Schrecken versetzte. Der Bärentöter ging auf den Braunen zu, redete beruhigend auf ihn ein, doch Meister Petz griff an, rannte auf den Bärentöter zu, hieb ein zweimal mit seiner Pranke. Dann stieg der Braune wütend auf seine Hinterbeine und suchte sich auf den Mann zu stürzen, doch der ließ seine Keule kreisen und streckte das Monstrum mit einem einzigen, gewaltigen Schlag nieder. Seit diesem Tage, suchte niemand mehr Streit mit ihm und selbst die härtesten Kerle, die Köhler, gingen ihm aus dem Weg.

Die Keule des Bärentöters ist noch heute in der Elementarschule in Gernrode ausgestellt. Kannst Du sie anheben? *(dem Volke abgelauscht)*

Gemunkel vom Bläkhof

30.

Halb Gernrode habe einst einem reichen Bauern gehört, der zwei Söhne hatte. Einem davon, welcher ihm im Leben stets näher am Herzen war, vermachte er fast seinen ganzen Besitz. Sein Zweiter bekam lediglich einen kleinen Hof. Diese Ungleichheit ließ die beiden Brüder nicht unbedingt zu Freunden werden: Der Bevorzugte war wenig strebsam, war er wohl gewohnt, es müsste ihm alles an den Allerwertesten getragen werden. Dies geschah aber seit dem Tod des Vaters nicht mehr und trotz reicher Güter und vieler Hufen Land, verarmte er zusehends.

Der vom alten Bauern benachteiligte Sohn aber war ehrgeizig. Diesem Charakter geschuldet, fand er zu Ansehen, beträchtlichem Gut und einem Adelstitel, wonach er sich nun „von Gersdorff" nennen durfte.

Trotz Erfolge auf ganzer Linie, konnte der Fleißige dem Faulen nie verzeihen, dass er vom Vater bevorzugt wurde, ward schadenfroh und voller Spott. Deshalb ließ er am Hoftor seines stattlichsten Gutes das Bläkgesicht anbringen.

Des „Vaters Lieblingssohn" wohnte nämlich direkt gegenüber. Wann immer der Liebling nun sein Haus verlassen müsste, würde ihm die Zunge herausgestreckt werden. Er sollte einsehen, dass am Ende er der Gelackmeierte wäre. Doch glücklich war Zeit ihres Lebens keiner, war doch beiden vergönnt, wonach sie sich sehnten. Dem einen mangelte es daran, mit Liebe etwas Großes zu schaffen, der andere vermisste schmerzlich die Liebe des Vaters. So spottete das Bläkgesicht beiden und streckt noch heute all jenen die Zunge heraus, die glauben, „der Nachbar wäre Schuld am eignen Unglück"!

„Schäfer vorm Bläkhof" - Alte Postkarte aus eigenem Archiv

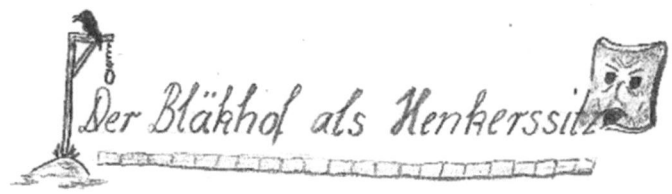

Der Bläkhof als Henkerssitz

31. Alles Quatsch, sagen andere. Der Bläkhof sei der Wohnsitz des Gernröder Henkers gewesen. Früher stand oberhalb der Äbtissinstraße die alte Gerichtslinde. Von hier wurden die zum Tode Verurteilten zum Galgenberg, unterhalb des Rumberges gekarrt und aufgeknöpft. Schauerlich, aus heutiger Sicht, greift dieser alte Ritus nach der friedvollen Stille unseres Herzens. Allein die Vorstellung dieses Bildes, lässt mich erschaudern: Der Gerichtete fällt herab, wobei ihm das Genick lauthals bricht oder aber, ist ihm weniger Glück vergönnt, dann zappelt er am Seil noch ein „gut' Weil' herum", was ihm langsam die Luftröhre zuschnürt. Mir genügt es, um einen Brechreiz hervorzukitzeln. Wie unverständlich wäre zudem die johlende Menschenmenge gewesen, die wie im Theater applaudiert, den Henker anfeuert und am Ende die am Galgen „gut abgehangenen" Verurteilten schändet.

Ja, richtig gehört, denn die Leichenteile der Aufgeknüpften, das muss man wissen, galten im Mittelalter als heil- und zauberkräftig: Das „Schelmbein" (Knochen), das „Armsünderschmalz" (Fett) oder der herabtropfende Urin wurden benutzt um Krankheitsdämonen zaubernd zu vertreiben. Den Henkersstrick benutzte man z.B. um wilde Gäule zu zähmen.

Das Bläkgesicht sei nach dieser Geschichte das Bildnis eines Erhängten. Beim Zuschnüren der Atemwege, würden die Zunge aus dem Mund und die Augen aus den Augenhöhlen herausgequetscht werden. „Erinnere Dich", will das Abbild vorbeiwandernden Zeitgenossen sagen, „rechtschaffen zu bleiben!"

32. Am wahrscheinlichsten ist es aber, die Fratze des Bläkhofs als Schutzzauber gegen Dämonen oder Krankheiten zu verstehen. Früher machten in Gernrode viele Spuk- und Schauermärchen die Runde: Von den auferstehenden, gemeuchelten Slawenfürsten oder der wütenden Gottheit Stuffo wurde erzählt; zudem ziehe die „Wilde Jagd" in den Raunächten von den Teufelsmühlen des Rabenberges ins Städtlein hinab. Auch vor den Zwergen der Heinrichsburg müsse man sich hüten. Sie kämen des Nachts durch die Tunnel in jeden Keller, die jungen Mägdeleins aus ihren Betten zu rauben.

Die Leute glaubten also, auch durch das Anbringen gewisser schwarzmagischer Symbole am Haus (wie die Gesichter an der Südseite der St. Cyriakus, siehe Foto unten) oder an der Gartenpforte, Unglück von Leib und Gut fernhalten zu können. Zu diesen Zeichen gehören zum Beispiel „drei aufgemalte Kreuze an der Tür", der eingeschlagene Drudenfuß im Gebälk, oder eben das Anhängen sogenannter Perchtenmasken. Solch dämonische Fratze, wie das Bläkgesicht, würde alle bösen Geister verjagen.

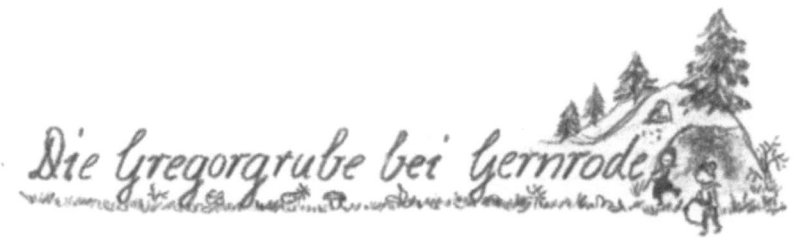

Die Gregorgrube bei Gernrode

33. Gernrode liegt am Osterberg, wenn dieser auch gegenüber dem Brocken als rechter Zwerg erscheint, so ist doch die Aussicht von hier sagenumwoben schön. Sagenumwoben ist auch die Gregorgrube in unmittelbarer Nähe jenen Ortes:

Sonderbares spricht man vom Stollen: Unglaublich tief soll er sein! Und obschon es in der Höhe keine Quellen gibt, so steht sie doch stets unter Wasser, wenn Teuerung und Not in Kürze über unser Umland kommt. Steht uns gar Pest oder Krieg vor der Tür, dann quillt das Wasser daraus hervor und sumpfig wird aller Untergrund. Das war schon immer so!

Wenn aber die Kinder Gernrodes darin spielen, weil sie gänzlich trocken liegt, dann atmet alles erleichtert auf. Freude zieht in den Herzen ein und jeder weiß: Elend und Not haben uns den Rücken zugewandt! - Möge die Gregorgrube ewig trocken liegen, auf dass unsere Heimat in Wohlstand erblüht.

(aufgeschrieben nach Stahmann)

Musikantenstieg

„Der glänzende Schnee und die heitere Luft,
sie laden zur Freude uns heute.
Macht schnell, dass ihr Gesellschaft mir ruft,
sowie meine Diener und Leute!
Eilt das mit Schellen geschmückte Pferd,
mir vor den Schlitten zu legen,
denn so ein Tag im Winter ist's wert,
dass der Luft und Freude wir pflegen."

So sprach aus Askaniens hohem Geschlecht,
der Fürst Friedrich Albrecht mit Namen
und allen Geladenen war es ganz recht:
In flüchtigen Schlitten sie kamen,
die kräftigen Männer, die lieblichen Frau'n,
des Wintertags sich zu erfreuen;
glaubt; Schöneres kann das Auge nicht schau'n,
als da sie hinzogen in Reihen.

Zuvor, eh sie fuhren, sprach der Fürst noch dies Wort: „Musikanten, ihr möget
jetzt hören,
ihr last durch den Wald, ich rat's euch, stets fort
und lasst euch durch nichts darin stören!"
Zwar war dies den Herrn Musikanten nicht recht,
die alle gern lange pausieren;
doch galt da kein Widerspruch, kein Wortgefecht,
schnell mussten sie Ordre parieren.

Trompeten und Hörner tönten alsbald,
die Freude des Festes zu mehren;
von Ferne ließ Echo von Bergen und Wald
die neckende Stimme laut hören.
Zum Sternhause lenket die heitere Fahrt
im muntersten Trab ohne Weilen;
doch wollte, nach seiner tückischen Art,
das Schicksal die Künstler ereilen.

Bald kamen zur jäh sich senkenden Höh'
sie, wo sich durchkreuzen die Straßen,
dort wollte sie unstern – oh, welch ein Weh –
das Schicksal sie neckend erfassen.
Der Führer des Schlittens, zwar weiß ich's nicht recht,
doch sollte nicht alles mich trügen,
so fuhr er die armen Musikanten sehr schlecht,
denn im Nu sah im Schnee man sie liegen.

Und darin sich wälzend, blasen sie fort,
sie lassen durchaus sich nicht stören,
denn alle glauben das fürstliche Wort
im Geist vor den Ohren zu hören.
Was hier ich erzählet, ist wirklich gescheh'n,
noch mancher lebt, der's wohl kennet,
und wollet die Höhe ihr selber mal seh'n,
„Musikantenstieg" man sie nennet.

(aufgeschrieben nach Stahmann)

Der Stubenberg

34. Der Name Stubenberg oder Stuffenberg soll von der germanischen Gottheit Stuffo stammen, der auf dieser Anhöhe einst verehrt wurde. Es war der Gott des Trinkens, die Personifizierung des Frühlings, dessen Abbild vielleicht hier einst gestanden hat. Dieser Stuffo mochte einen Becher in der rechten Hand gehabt haben, der exakt in jene Richtung wies, in der die Sonne am Morgen der Frühlings-Tag-und-Nachtgleichen aufzugehen pflegte. Der Kelch ist vermutlich Synonym fürs ewige Leben. Das Trinken selbst, könnte nicht nur ein weltliches Symbol der überreichen Fülle des Sommers und des freien, lebensfrohen Genusses sein, sondern vielleicht das In-sich-aufnehmen mythischen Wissens versinnbildlichen. Nicht umsonst trank der germanische Gottvater Wotan, mit einem Becher aus dem Brunnen der Weisheit. – Tatsächlich, lässt sich der Name Stuffo vom althochdeutschen Wort *stouf* oder *stouph* ableiten, was „Becher" meint (vgl. Neuschwedisch *stop* = Krug, Maß). Allerdings ist das eher frei interpretiert, denn die Nebenbedeutung *stoufo* oder *stoufe* als „hochragender Fels" kommt auch in Frage. Der Berg kann hier mit einem umgestülpten Becher verglichen werden.

Nachdem Bonifatius die Donareiche in Geismar gefällt hatte, ist er allem Anschein nach in den Harz gezogen, die heidnischen Götzenbilder des Stuffos zu stürzen. Es passte auch fürwahr nicht ins christliche Bild, frivole Saufgelage als heidnische Gottesanbetung zuzulassen. Und auch Markgraf Gero meinte, den leichtgläubigen und dem Met tüchtig zusprechenden Slawenfürsten deutlich gemacht zu haben, dass der Becher des Stuffos endgültig gefallen war. Doch ganz so einfach war es nicht. Irgendetwas Magisches muss vom Stuffenberg ausgehen, dass sich die Menschen aus jedem Jahrhundert auf seiner Anhöhe mit Trinkgelagen zu vergnügen suchten.

So hielten es bereits die Fürsten von Anhalt, anschließend Goethe, Heine, Eichendorff sowie Fontane und heute, genießen wir manchen Trunk. Ob die Menschen auf Stuffo's Berg stets nach Gott und dem hohen Wissen Ausschau hielten, weiß ich nicht zu sagen. Wohl aber hörte ich selbst schon manchen Wandersmann in fremden Zungen sprechen, nachdem er dem Birkenwein oder der Waldmeisterbowle allzu tüchtig zugesprochen hatte. Und in „fremden Zungen" zu sprechen, wäre schließlich eines der Pfingstwunder gewesen: *„Als der Pfingsttag gekommen war, befanden sich alle Apostel am gleichen Ort. Da kam plötzlich vom Himmel her ein Brausen, wie wenn ein heftiger Sturm daherfährt, und erfüllte das Haus, in dem sie waren. Und es erschienen ihnen Zungen wie von Feuer, die sich verteilten; auf jeden von ihnen ließ sich eine nieder. Alle wurden mit dem Heiligen Geist erfüllt und begannen, in fremden Sprachen zu reden, wie es der Geist ihnen eingab."* (– Apg 2,1-4 EU)

„Die Männer auf dem Stubenberg sind nicht betrunken", sage ich Dir, wie einst Petrus zu den Bewohnern Jerusalems, „Jetzt geschieht, was durch den Propheten Joël gesagt worden ist" – Gott gießt sich selbst in unsere Becher, also trinkt und freut euch am Leben und nennt es „die Ausgießung des Heiligen Geistes", wenn euch Wanderer fragen, weshalb ihr lustig lallt. – Wohl dem! Stuffo ist nicht umsonst, als lokale Verkörperung des Laubmannes, fester Bestandteil des alljährlichen Pfingstfestes vieler Gemeinden. *(aufgeschrieben nach Berger & Bechstein)*

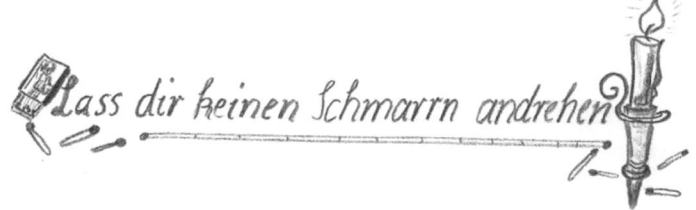

Lass dir keinen Schmarrn andrehen

35. Einst war ein Bub in Gernrode von seinem Vater zum Laden geschickt um Streichhölzer zu erwerben. „Loss dir ober kaanen Schmorrn ondreh'n, hörst'e? Probiere mon, ob die Hölzer och schmokeln!" „Ja, Herr Vater!", sprach der Bube artig, steckte sich den Pfennig in die tiefe Westentasche – denn das war einst der Preis für ein Schächtelchen mit 75 Zündhölzern darin – und lief eiligst zum Einzelhandel an der Ecke.

Weshalb der Junge lief, wenn der Vater nach Zündhölzern fragte, wundert ihr euch? Nun, es gab über 60 verschiedene Etikett-Motive der „Markgrafenhölzer". Seine Freunde sammelten schon seit Monaten, nun sollte auch er seine erste Schachtel bekommen. Was würde wohl drauf abgebildet sein?

„Aanmal Strachhölzer bitte, maan Herr!", sagte der Junge, jauchzte wie Blöde, als er die Schachtel in der Hand sah und verließ den Laden. Aber der Vater wartete ewig und zwar „kaane jefühlte, nee, ne ächte Ewichkaat"! Endlich kam der Bub nach Hause, musste Rede und Antwort stehen und gab seinem Vater die Schachtel: „Die sind ja olle anjekokelt!", motzte der Vater. „Herr Vater, Sie ham doch selber jesacht, ich solle probieren, ob die Hölzer och schmokeln!"

(aufgeschrieben nach Rosemarie & Gerhard Kellermann)

Mein Stubenberg, wie bist du schön

Sing' mein Herz vor lauter Freude: Leben atmet dein Gemäuer.

Neue Besen kehren heute, Staub und alte Ungeheuer.

Alter Glanz und alte Anmut, samt dem Ruhm vergangener Zeiten

Ahn' ich, wird den Stressgeplagten, bald in stilles Glück geleiten.

Blick' ich von dir tief versunken, staunend auf die Stadt hinunter,

hüpft mein Herz als wär's betrunken,

und mein Geist grinst kindlich munter.

Ich vernahm, es soll sie geben: Menschen, die nichts Gutes finden.

Diese Krankheit „Nichts zu lieben", kann dein Ausblick überwinden.

So von neuem Licht durchflutet, strahlt Gernrode umso mehr,

ich besing' dich, weil's mir gut tut: Wanderer kommt rasch hierher!

(aufgeschrieben von Carsten Kiehne)

Oben: Stefan Herfurth, der Fotograph von „Sagenhafter Harz" in der Stiftskirche St. Cyriakus
Unten: „Der Stubenberg bei Gernrode" - Stahlstich von Beyer nach Ludwig Richter um 1840

Schlussgedanken

Auch wenn dies des Buches Ende ist, wurde von Gernrodes sagenhafter Geschichte noch längst nicht alles gesagt:

Sicher herausragend ist die **Vielzahl vorchristlicher Kult- und Opferplätze** um Gernrode, deren wissenschaftliche Untersuchung längst noch nicht abgeschlossen ist. Zu nennen wäre hier u.a. der Teufelsstein auf dem Olberg (wohl ein Opferaltar), die Teufelsmühlen auf dem Ramberg (Femgerichtsstätten), der Heilige Teich, die Trappe des Mägdesprungs, der Stubenberg und nicht zuletzt der Standort der Stiftskirche St. Cyriakus. Nicht umsonst forderte König Heinrich I. in seiner Burgenordnung, die Burgen, Klöster und Kirchen exakt an den Orten zu errichten, welche das gemeine Volk ohnehin zur Feierlichkeit und Gottesanbetung aufsucht.

Spannend ist ohne Frage die **Bedeutung Gernrodes im Zeitraum 950-1150**, in der viele bedeutende Männer den Flecken besuchten. Könige und Kaiser, wie Heinrich V. (1105) gingen aus und ein. Friedrich Barbarossa hielt 1188 sogar seinen Hoftag im Stift und stiftete zu diesem Anlass die kleine „Friedericusglocke". Ebenso verweilten höchste Vertreter der Geistlichkeit in Gernrode, die man zu einer der bekanntesten Städte jene Zeit zählte.

Allein über die letzte katholische, großherzige **Äbtissin Scholastika**, müsste ein eignes Kapitel geschrieben werden. Sie führte um 1500 die Taubstummen- und Irrenfürsorge ein und vermochte es, während der ersten Pestepidemie (1484), Befallene gesundzupflegen und durch Gebete zu heilen.

Geld zu verwalten war wohl aber nicht ihre Stärke, denn das Kloster verarmte während ihrer Amtszeit zusehends. Gut, dass ihre Nachfolgerin, die protestantischen **Elisabeth von Weida**, als hervorragende Geschäftsfrau in die Geschichte einging.

Sie baute ab 1504 nicht nur alle Schulden des Stiftes ab, sondern führte den Kloster-Großbetrieb so vorzüglich, dass sie dem Grafen von Regenstein sogar 300 Goldgulden leihen konnte. Elisabeth war zudem eine mutige Frau, die sich als eine der ersten Kirchenoberhäupter der Reformation anschloss. Sie setzte sich nach Luthers Geheiß für eine allgemeine Schulbildung ein, worauf nach ihrem Ableben ihre Nachfolgerin auf Kosten des Klosters 1533 die erste Elementarschule eröffnete. Elisabeth ließ Thomas Müntzer in Gernrode predigen und bewahrte ihr Kloster später vor den Verwüstungen seiner aufständischen Bauern, in dem sie sich vor die Kirchenpforte stellte und mutig sagte: „Haltet ein! Wer das Schwert nimmt, wird durch das Schwert umkommen!"

Foto der Schautafel vor der Elementarschule

Unzähliges könnte man von politischen, kulturhistorischen oder literarischen **Größen** erzählen, **die Gernrode einst besuchten** und von denen ich hier nur wenige aufführen möchte: Fürst Victor Friedrich von Anhalt-Bernburg & Kanzler Fürst Otto von Bismarck, Heinrich von Kleist, Carl Maria von Weber, Heinrich Heine, Theodor Fontane, Johann Wolfgang von Goethe, Wilhelm Ludwig Gleim, Friedrich Gottlieb Klopstock, Johann Ludwig Tieck, Joseph von Eichendorff, Caspar David Friedrich, Felix Mendelsohn Bartholdy und den in der Einleitung bereits erwähnten Hans Christian Andersen. – Mehr noch gibt es aber von denen zu berichten, die in dem Städtlein zuhause waren oder unsere Heimat durch das Gerobräu (eines der besten Biere Deutschlands) und durch die Erfindung der Zündhölzer (Markgrafenhölzer) berühmt machten.

Außerdem gibt es hundert kuriose Anekdoten der Gernröder Umgebung, die nur darauf warten, ihre Zuhörer zu begeistern: Die vom Lehturm oder dem Hungerstein zum Beispiel, den Mühlen im Hagental und seinen kilometertiefen Stollen, den hochgeschätzten Jungmädels der Töchterpensionate oder dem vergrabenen Schatz der Junkerswerke. Doch all jenes behandelt das Team von „Sagenhafter Harz" in naher Zukunft in den „Quedlinburger Anekdoten". Viele der Sagen und Überlieferungen, die ebenfalls die altehrwürdige Stadt Gernrode betreffen, sind in meinen Büchern von Bad Suderode und Quedlinburg enthalten. Unsere sagenumwobene Heimat, hat zu viele Geschichten, um sie in einem einzigen Band wiederzugeben.

Wenn Sie zum Beispiel wissen wollen

- woher das Sprichwort „den Löffel abgeben" (vom Löffelweg oder dem Löffel am Schwedderberg) stammt;
- was es mit dem Schweinekrieg von 1607 (Olberg-Opferstein) …
- und dem Holzkrieg im 18.ten Jahrhundert zwischen Anhalt & Preußen auf sich hat oder, wie die „Wilde Jagd" durch unsere Straßen zog …

… dann empfehle ich Ihnen gerne die von mir verfasste Literatur zum Thema.

Herzliche Grüße, Ihr Sagensammler & Wanderführer

Literaturverzeichnis

Cramm, Walter: Sagenwelt des Harzes. Verlag Giebel & Oehlschlägel. Osterode am Harz 1958, 4. Aufl.

Förstner, Clara: Aus der Sagen- und Märchenwelt des Harzes. Zur Unterhaltung und Erinnerung. Verlag von Vieweg's Buchhandlung, Quedlinburg, um 1900

Gerth, Sven: Von mittelalterlichen Asylen, Asylkreuzen und -steinen. http://www.suehnekreuz.de/RB/aufsaetze13.html, Stand: Dezember 2016

Gotsche, Otto: Und haben nur den Zorn. Mitteldeutscher Verlag Halle-Leipzig 1976, 7. Aufl.

Grässe, Johann: Sagenbuch des preußischen Staats. Der Harz, 1868

Grimm, Jakob & Wilhelm: Deutsche Sagen. Erster Band. Nicolai-Verlag, Berlin 1816

Henniger, R.; Harten, I. v.: Harzsagen. August-Lax, Hildesheim & Leipzig

Hoffmann, Hans: Harzschützen. Und die Wirren des 30jährigen Krieges. Verlag Buchhandlung Hoffmann, Bad Harzburg 1992

Kellermann, Rosemarie & Gerhard: Chronik der Stadt Gernrode, Gernröder Kulturverein „Andreas Poppenrodt" e.V., 2010

Kellermann, Rosemarie & Gerhard: Der Stubenberg in Gernrode, 2013

Kiehne, Carsten: Alte und neue Anekdoten aus Bad Suderode am Harz. Selbstverlag, BoD Hamburg, 2016

Kiehne, Carsten: Die schönsten Sagen aus unserem Quedlinburg. Selbstverlag, BoD Hamburg, 2015

Kiehne, Carsten: Die schönsten Sagen aus Ballenstedt und dem Selketal. Selbstverlag, BoD Hamburg, 2018

Kiehne, Carsten: Kräutersagen und Märchen aus dem Harz. Selbstverlag, BoD Hamburg, 2018

Kiehne, Carsten: Sagen, Märchen und Geschichten um und über Bad Suderode. Sternal Media, Gernrode 2014, 3. Aufl.

Korf, Ilse u.a.: Sagen vom Selketal. Staatliches Museum Burg Falkenstein. Salzland-Druckerei-Staßfurt. Bernburg

Lück, Heiner: Spuren des Rechts – in der Heimat Eikes von Repgow. Verlag Janos Stekovics. Wettin 2010

Matthias, Ursula: Gernrode. Die tausendjährige Stadt am Harz – Vergangenheit und Gegenwart. Gernrode 1993

Neumann, Siegfried: Sagen aus Sachsen-Anhalt. Bechtermünz-Verlag. Weltbild. 1998

Probst, Anneliese: Sagen und Märchen aus dem Harz. Altberliner Verlag Lucie Groszer, Berlin 1954

Pröhle, Heinrich: Harzsagen. Mendelssohn Verlag, Leipzig 1859

Schrader, W.: Harz-Sagen. Ostharz & Kyffhäusergebiet. 6. Teil. Harz-/Heimatverlag Appelhans & Co, Braunschweig 1940

Siebert & Siebert: Anhalter Sagenbuch. Sagen und Legenden aus dem Anhaltlande. Ausgabe Bernburg 1927

Stahmann, Friedrich u.a.: Anhalts Sagen, Märchen und Legenden. Verlag der Gröningschen Buchhandlung. Bernburg 1844

Trautner, Hanns: Sagen vom Harz. Otto Lindner Verlagsbuchhandlung, Magdeburg 1934

Danksagung

Tausend Dank, möchte ich all jenen Menschen sagen, die mich fördern und fordern und unsere Interessensinitiative „Sagenhafter Harz" seit vielen Jahren unterstützen und sie zu dem gemacht haben, was sie jetzt ist.

- Danke an **Rosemarie & Gerhardt Kellermann, Sabine Schönbeck, Familie Thiel** und den Verein Andreas Popperodt e.V. die mir Bild- & Textmaterial zu diesem Büchlein zur Verfügung stellten.
- Vielen lieben Dank ans Team: An Hildegard Kiehne für die Illustrationen, an „Jelly Grafix" (**Jelka Lüdtke**) für die Cover-Gestaltung und an **„Stefan Herfurth Photographie"** fürs zur Verfügung stellen einiger Fotos!
- Danke an **Michael Kiehne** fürs Lektorieren dieses Büchleins
- Ich danke meiner Ehefrau **Sabrina Kiehne**, für die vielen gemeinsamen Recherche-Ausflüge, bei denen sie mich begleitete, Fotos schoss und mich in der Organisation unterstützte. Dankbar bin ich auch dafür, dass sie mir für meine Sagen-Arbeit stets den Rücken freihielt.
- Und nicht zuletzt, danke ich den vielen Sponsoren, die uns seit Jahren unterstützen, wie z.B. den **Hexenshop Gernrode**!

HEXENSHOP

Teespezialitäten & Teezubehör
Hanfartikel – Hanftee – Räucherhanf
Esoterikartikel & Ritualzubehör
Mittelalterbedarf

www.der-hexenshop.de

06485 Gernrode / Harz
Osterallee 67
Tel.: 01634714185

Sagenhafter Harz

Vorträge, Wochenend-Workshops & Wanderungen zum Thema, biete ich regelmäßig an verschiedenen Orten und auf Wunsch auch für Ihre Gruppe an. Termine, Kontakt & Neuigkeiten finden Sie hier: **www.reiki-im-harz.de** & **www.sagenhafter-harz.com**

Beiträge zur Heimatkunde

Sagensammlungen einer lokalen Region (je 13,90 €)

1. Der Schlüssel- & Klöppelkrieg (2012)

2. Sagen & Märchen um ... Bad Suderode (2013)

3. Sagen & Mythen um ... Thale (2014)

4. Die schönsten Sagen aus ... Quedlinburg (2015)

5. Alte & neue Anekdoten aus Bad Suderode (2016)

6. Die schönsten Sagen aus ... Halberstadt (2017)

7. Sagenhaftes Gernrode (2018)

8. Die schönsten Sagen aus Ballenstedt ... (2018)

Sagen für Kinder

Grundschulgerechte Darstellung der Sagen mit Leseaufgaben, Rätseln, Ausmalbildern, Spielen für unterwegs, Kreativangeboten u.v.m.: Band 1: Die Sage der Rosstrappe; Band 2: Die Sage vom Hexentanzplatz; Band 3: Die unsichtbaren Helfer von Quedlinburg (9,50 €)

Diverse Sagensammlungen

Die bekanntesten Sagen aus dem Ostharz (13,90- €)

Sagenhafter Südwestharz (Sutton, 20,- €)

Kräutersagen aus dem Harz (13,90-€)

Sagenhafter Brocken (9,99- €)